V&R

Jürgen Kocka

Interventionen

Der Historiker in der öffentlichen Verantwortung

Ausgewählt und herausgegeben von
Gunilla Budde, Christoph Conrad, Oliver Janz,
Ralph Jessen und Thomas Welskopp

Vandenhoeck & Ruprecht

Die Deutsche Bibliothek – CIP-Einheitsaufnahme

Kocka, Jürgen:
Interventionen : der Historiker in der öffentlichen Verantwortung /
ausgewählt und herausgegeben von Gunilla Budde ... –
Göttingen : Vandenhoeck und Ruprecht, 2001
ISBN 3-525-36252-8

Printed in Germany.
Satz: Satzspiegel, Nörten-Hardenberg.
Druck: Hubert & Co., Göttingen.

Inhalt

PERSPEKTIVEN: ZIVILGESELLSCHAFT UND GESCHICHTE DER ARBEIT

Vorwort

Die deutsche Wissenschaft gefällt sich traditionell darin, journalistische Texte mit Nichtachtung zu strafen. Historiker monieren gern Aktualität und Mangel an Distanz als gravierende Nebenwirkungen, wenn sich einer ihrer Kollegen öffentlich einmischt.

Mit zahlreichen Interventionen in den öffentlichen Debatten der letzten beiden Jahrzehnte hat Jürgen Kocka sich nicht gescheut, dieses risikoreiche Genre zu pflegen. Er hat sich die Mühe gemacht, seine Positionen und Einsprüche zu Fragen der Geschichtspolitik, der erinnernden wie der analytischen Beziehung zur Vergangenheit, der Wissenschaftsorganisation und des bürgergesellschaftlichen Engagements zu formulieren und einem breiten Publikum zu vermitteln. Reden, Interviews und Zeitungsartikel haben seine Tätigkeit als Hochschullehrer und Permanent Fellow am Wissenschaftskolleg, als Mitglied des Wissenschaftsrates und zupackender Organisator während der »Vereinigungskrise« des deutschen Wissenschaftssystems begleitet und reflektiert. Geschichte wird darin aus Anlaß gegenwärtiger Probleme im Interesse der Zukunft erklärt und genutzt.

Der 60. Geburtstag erscheint uns Schülern und Mitarbeitern ein guter Moment, Jürgen Kockas Wirken als *»public historian«* festzuhalten. Für eine Festschrift ist es zu früh – vieles steht noch an. Aber der dokumentierende, sortierende, selbst historisierende Blick auf einige Ausschnitte seines Engagements ist an der Zeit. Nicht zuletzt deshalb, weil publizistische Texte Pressearchiven und Online-Datenbanken zum Trotz erstaunlich flüchtig sind. Sie fordern den Historiker als Archivar fast ebenso heraus wie als Akteur. Daher wird hier eine kleine Auswahl der Arbeiten Jürgen Kockas für die Tages- und Wochenpresse nachgedruckt, ergänzt durch ein Interview mit Fragen zur Person. Eine Bibliographie der publizistischen Arbeiten und Interviews schließt den Band ab, ohne daß sie Vollständigkeit beanspruchen kann.

Der Titel eines Vortrags, den Jürgen Kocka in Paris gehalten hat, könnte das Motto dieser Sammlung sein: »*L'historien et la cité*« – der Historiker und die Stadt, aber eben auch: der Historiker und das Gemeinwesen. Es ist Berlin – als Erinnerungsort, als Schauplatz von Wende und Vereinigung, als neues Regierungszentrum und als Lebensmittelpunkt –, das ihn zu den meisten seiner öffentlichen Interventionen veranlaßt hat. Berlin ist auch der Ort, wo wir ihm zum Geburtstag gratulieren, diese Sammlung überreichen und auf die Fortsetzung gespannt sind.

Berlin, zum 19. April 2001

Gunilla Budde, Christoph Conrad, Oliver Janz,
Ralph Jessen, Thomas Welskopp

ERINNERUNG IN DER DEBATTE

Hitler sollte nicht durch Stalin und Pol Pot verdrängt werden

Über Versuche deutscher Historiker, die Ungeheuerlichkeit von NS-Verbrechen zu relativieren

Anders als in den 60er und 70er Jahren braucht die Relevanz der Geschichte heute nicht besonders bewiesen zu werden. Gegenwärtig besteht kein Mangel an historischem Interesse. Historische Ausstellungen erfreuen sich großer Beliebtheit. Die Regierungen haben Geld für historische Museen. In renommierten Taschenbuchreihen florieren »Historische Bibliotheken«. Kulturhistorisches verkauft sich gut, die Nachfrage nach Soziologie ist gesunken. Alternative Bewegungen versuchen, ihre gegenwartskritische Identität durch Umgang mit der Geschichte zu festigen – wie sie sie verstehen. Prominente Historiker schreiben Leitartikel in vielgelesenen Zeitungen. Kontroversen um historische Themen stehen im Zentrum grundsätzlicher intellektueller Auseinandersetzungen von Sozialwissenschaftlern (wie Habermas), Journalisten (wie Fest) und Historikern (wie Nolte). Es wäre falsch, über Geschichtsvergessenheit zu klagen.

Die Gründe des Interesses an Geschichte haben sich verschoben. Nicht so sehr Aufklärung, Kritik von Selbstverständlichkeiten und Beiträge zur Emanzipation erwartet die öffentliche Diskussion von der Beschäftigung mit der Geschichte, vielmehr: Hilfen zur Identitätsfindung oder gar Beiträge zur Sinnstiftung. »Zustimmungsfähige Vergangenheit« ist gewünscht, Geschichte als Tradition zur Stärkung der kollektiven Identität und Konsensbildung. Die Suche nach zustimmungsfähiger Vergangenheit und die Pflege identitätsfördernder Erinnerung treten in sehr verschiedenen Formen auf. Drei davon seien kurz diskutiert.

Der Ort des Nationalsozialismus

Da gibt es den Versuch, die Ungeheuerlichkeit der nationalsozialistischen Verbrechen zwar nicht zu leugnen, aber doch zu relativieren und ihren Ort in der Geschichte neu zu definieren. Zwar ist es wenig verwunderlich und an sich nicht zu kritisieren, daß man auch an jenen dunkelsten Abschnitt unserer Geschichte aus dem zeitlichen Abstand eines halben Jahrhunderts andere Fragen richtet als unmittelbar nach ihrem Ende. Dies schon deshalb, weil man heute die Kurz- und Langzeitfolgen (zu denen auch teilweise die Stabilität der Bundesrepublik gehört) besser und anders übersieht als unmittelbar nach der Katastrophe.

Aber wenn Hermann Lübbe die Verdrängung jener Vergangenheit und den Verzicht auf grundsätzliche Auseinandersetzung um die Verantwortung für sie nach 1945 als Bedingungen einer Versöhnung lobt, die die Bundesrepublik zu ihrem Überleben und ihrer Stabilität brauchte, dann muß man nicht den wahren Kern dieser These leugnen, um doch dagegenzuhalten, daß diese Verdrängungsstrategie gleichzeitig tiefgreifende politisch-moralische »Kosten« hatte und mit ihr neue Glaubwürdigkeitsdefizite eingehandelt wurden, ohne die die Schärfe der Protestbewegungen der späten 60er/frühen 70er Jahre nicht verstanden werden kann und die dieses Gemeinwesen bis heute belasten. Man sollte – anders als Lübbe – die nüchterne Einsicht in die teilweise heilenden Folgen jener Verdrängung mit der Empörung über die Ungerechtigkeit verbinden können, die jener Verzicht auf Abrechnung mit den Verbrechen für deren Opfer bedeutet hat – und zwar nicht nur aus moralischen Gründen, die ja auch im historisierenden Diskurs des Philosophen nicht ganz fehlen müssen, sondern auch im Interesse einer dann zwar kurzfristig weniger leicht »zustimmungsfähigen«, aber letztlich wahrscheinlich tragfähigeren Geschichtssicht.

Die Relativierung der nationalsozialistischen Periode hat Ernst Nolte in seinem kontrovers diskutierten Aufsatz »Vergangenheit, die nicht vergehen will« (FAZ vom 6.6.86) ein ganzes Stück weiter getrieben. Zwei Argumentationsstränge sollte man in seinem Beitrag auseinanderhalten:

a) Zum einen will er »die sogenannte Vernichtung der Juden während des Dritten Reiches« ihrer scheinbaren Einzigartigkeit entkleiden: Andere Völkermorde seien ihr vorausgegangen (türkische Armenierverfolgung, stalinistischer Massenterror) und gefolgt (Pol Pot z. B.). Gegen historische Vergleiche ist nun nichts einzuwenden, ganz im Gegenteil. Sie sind auch nicht neu. Mit dem Begriff des Totalitarismus hat man unleugbare Ähnlichkeiten zwischen Nationalsozialismus und Stalinismus herausgearbeitet, so ihre gemeinsame Feindschaft gegenüber dem liberal-demokratischen Verfassungsstaat, ihre ähnlichen Unterdrückungsformen und eben auch in der Tat die Massenvernichtungen.

Dies anzuerkennen, bedeutet keine Verharmlosung der »deutschen Katastrophe«, bedeutet auch keine Diskreditierung des Faschismusbegriffs, der die ebenfalls unleugbaren tiefen Unterschiede zwischen Nationalsozialismus und Stalinismus herauszuarbeiten erlaubt: wichtige Unterschiede der Ideologie und der jeweiligen Zukunftsvorstellungen, der sozialen Ursachen und Folgen, des Ortes und Stellenwertes im historischen Entwicklungsprozeß.

Auch auf die gesamteuropäische Dimension der nationalsozialistischen Judenvernichtung im Unterschied zur innersowjetischen Dimension der stalinistischen Kulakenvernichtung hat man zu Recht verwiesen. Und es bleibt ein qualitativer Unterschied zwischen der bürokratisierten, leidenschaftslosen, perfekten Systematik des Massenmords im durchindustrialisierten, vergleichsweise hochorganisierten Reiche Hitlers und der brutalen Mischung von Bürgerkriegsexzessen, Massen-»Liquidierungen«, Sklavenarbeit und Verhungernlassen im rückständigen Reiche Stalins.

Wie gesagt, für Vergleiche, die immer nach Ähnlichkeiten und Unterschieden fragen müssen, wird man auch bei diesem Thema als Historiker eintreten, so sehr sich das Gefühl, der Takt, der Respekt vor den Millionen Toten gegen das »Aufrechnen« von Ungeheuerlichkeiten sträuben mögen. Aber zugleich empfiehlt sich der Vergleich mit den Gesellschaften der westlichen Welt, mit denen wir uns sonst traditionell gern vergleichen, die uns nach Entwicklungsstand, Gesellschaftsstruktur und politischen Ansprüchen verwandter, ähnlicher sind und die nicht faschistisch bzw. totalitär pervertierten. Die sich in diesem Vergleichsfeld ergebende Singularität der deutschen Entwicklung sollte durch Vergleich mit Stalin und Pol Pot nicht verdrängt werden; sie bleibt wichtig, bedrohend und beschämend.

Warum sprechen Nolte und Joachim Fest, der ihn gegen die Kritik Habermas' erstaunlich radikal verteidigt (FAZ, 29.8.86), davon so wenig? Was sind die Absichten und die Funktionen dieser Selektion? Zweifellos ist es bei der Suche nach Ursachen, Charakter und Folgen des deutschen Nationalsozialismus ertragreicher, angemessener und gerechter, Weimar-Deutschland und Hitler-Deutschland mit dem zeitgenössischen Frankreich oder England zu vergleichen als mit dem Kambodscha Pol Pots oder mit Idi Amins Uganda.

Das hat nichts mit »Hochmut« und »Herrenvolkgesinnung« zu tun, wie Fest unterstellt, sondern mit dem zivilisationsgeschichtlichen Wissen über den Zusammenhang von ökonomischem Entwicklungsstand und Möglichkeiten gesellschaftlich-politischer Organisation wie auch mit dem Ernstnehmen unserer europäischen Tradition, aus der Aufklärung, Menschenrechte und Verfassungsstaat nicht weggedacht werden können. Wie könnte man es rechtfertigen, die nationalsozialistische Vernichtungspolitik nicht aus dem Hintergrund einmal erreichter, nunmehr tief verletzter Ansprüche einzuordnen? In Grundentscheidungen historischer Argumentation verknüpfen sich immer Wissenschaft, Moral und Politik. Das erklärt die Schärfe mancher Kontroversen und warnt zugleich vor ihrer Verschärfung.

b) Zum anderen legt Nolte nahe, die »asiatische« Vernichtungspolitik der Nationalsozialisten als doch nicht ganz unverständliche Reaktion auf die vorgängige Vernichtungsdrohung zu verstehen, als deren potentielle oder wirkliche Opfer sich Hitler und die Nationalsozialisten angeblich nicht ganz zu Unrecht sahen. »War nicht der ›Archipel Gulag‹ ursprünglicher als Auschwitz? War nicht der ›Klassenmord‹ der Bolschewiki das logische und faktische Prius des ›Rassenmords‹ der Nationalsozialisten?« Und an anderer Stelle verweist er auf die vorgängige »Kriegserklärung«, die seitens des jüdischen Weltkongresses 1939 gegen Deutschland abgegeben worden sei.[1]

---

1 Diese Formulierung ist zu Recht als ungenau kritisiert worden. Der Bezug ist auf Ernst Nolte, Between Myth and Revisionism? The Third Reich in the Perspective of the 1980s, in: H. W. Koch (Hg.), Aspects of the Third Reich, London 1985, S. 17–38, hier S. 27 f., vgl. Text Nr. 1 in »Historikerstreit«. Die Dokumentation der Kontroverse um die Einzigartigkeit der nationalsozialistischen Judenvernichtung, München 1987. Nolte erwähnt »Chaim Weizmann's official declaration in the first days

Diese Bemerkungen Noltes, die Fest verteidigt, haben nun nichts mehr mit nüchterner historischer Motivations- und Kausalanalyse zu tun. Die wirklichen Ursachen des Antisemitismus in Deutschland sind weder in Rußland noch beim jüdischen Weltkongreß zu finden. Und wie kann man im Lichte der Tatsachen die nationalsozialistische Judenvernichtung als ein auch nur irgendwie konsequentes, wenn auch antizipierendes Abwehrmittel gegen drohende Vernichtung aus der Sowjetunion deuten, mit der man bis 1941 paktiert und die man dann angreift? Hier würde die nüchterne geschichtswissenschaftliche Frage nach realhistorischen Zusammenhängen, nach Ursachen und Folgen, nach wirklichen Motiven und deren Bedingungen ausreichen, um

of September 1939, according to which Jews in the whole world would fight on the side of England«. Nolte zitiert dies nach der ungenauen Wiedergabe im »Archiv der Gegenwart« 1939. Der volle Wortlaut dieses von Weizmann am 29. August 1939 an den britischen Premierminister Neville Chamberlain geschriebenen Briefes findet sich in: Letters and Papers of Chaim Weizmann. Series A: Letters, vol. XIX, January 1935 – June 1940, Jerusalem 1977, S. 145. Weizmann bot darin für die Jewish Agency (damals eine als öffentliche Körperschaft anerkannte Vertretung der »World Zionist Organization« für Palästina, die u. a. die britische Mandatsregierung in Palästina beriet) die Beteiligung der Juden an militärischen Maßnahmen unter britischer Leitung an. »In this hour of supreme crisis . . . the Jews ›stand by Great Britain and will fight on the side of the democracies‹«. Nolte interpretiert die Stellungnahme Weizmanns als »something like a declaration of war« und folgert unhaltbarerweise: ». . . it might justify the consequential thesis that Hitler was allowed to treat the German Jews as prisoners of war and by this means to intern them«. – Weizmann war 1929–31 und 1935–46 Präsident der World Zionist Organization (WZO), die regelmäßig den Zionistischen Weltkongreß abhielt. Der Brief dürfte im Rahmen des 21. Zionistischen Weltkongresses 1939 in Genf geschrieben worden sein. Zwischen WZO und Jewish Agency bestanden enge Verknüpfungen. Der Brief ist im Zusammenhang der Beziehungen zwischen der britischen Mandatsregierung in Palästina und der Jewish Agency zu sehen. Das wird im Wortlaut des Briefes deutlich.

sich und die Leser vor abstrus-spekulativen Deutungen zu schützen. Nolte unterläßt solche Fragen. Wenn »zustimmungsfähige« Vergangenheit nur durch intellektuelle Bocksprünge dieser Art zu gewinnen ist, dann sollten wir darauf verzichten.

Geschichten statt Geschichte

Mit solchen Revisionen unseres nationalen Geschichtsbilds haben die »Alltagshistoriker« in den »Geschichtswerkstätten« in der Regel nichts zu tun, so vielfältig die Strömungen auch sind, die sich in der »neuen Geschichtsbewegung« (so die Sprache der Medien) finden. Politisch, moralisch und intellektuell ist die Arbeit dieser wenig professionellen, institutionell kaum abgestützten Lokalhistoriker meist anders zu verorten: eher kritisch gegenüber der nationalgeschichtlichen Tradition, eher links in vielen Beziehungen.

Trotzdem, auch sie betreiben Geschichte häufig zu identifikatorischen Zwecken. Grab, wo du stehst (wozu? – um die eigenen Wurzeln zu finden). Rekonstruktion der Betroffenheitserfahrungen und Lebensweisen der kleinen Leute im eigenen Raum, auch um sich selbst in der Geschichte »wiederzufinden«. Lebensweltbezogene Mikrogeschichte als Mittel zur Fundierung und Absicherung der Identität im kleinen, überschaubaren Raum des Stadtteils, der jeweiligen Bewegung, vielleicht auch der Landschaft.

Dies soll hier nicht grundsätzlich angegriffen werden, wie dies überhaupt nicht der Ort ist, die unbestreitbaren Vorzüge und Leistungen der Alltagsgeschichte und der Geschichtswerkstätten gegenüber ihren unübersehbaren Defiziten, Illusionen und Einseitigkeiten umfassend abzuwägen. Hier sei nur auf einen Preis hingewiesen, der für diese Form von Mikrogeschichte meistens zu zahlen ist: der Verzicht auf die Erkenntnis der Zusammenhänge, die Ignorierung der »großen Fragen« nach Staats- und Klassenbildung, nach Religionen und Kirchen, nach Industrialisierung und Kapitalismus, nach Nation und Revolution, nach den grundsätzlichen Ursachen und Folgen des Nationalsozialismus, nach den deutschen Besonderheiten im internationalen Vergleich.

Solche Fragen lassen sich nämlich über Betroffenheitsgeschichte und Oral History nicht recht erschließen. Zu ihrer Beantwortung braucht man komplizierte Begriffe und breite Lektüre, Theorien und sehr langen Atem – eben das, was am ehesten die professionelle Geschichtswissenschaft bieten kann, die sich dazu der Freiräume und Mittel der Hochschulen bedienen, auf langwierige Ausbildungsprozesse zurückgreifen und die Vorteile der Arbeitsteilung ausnutzen kann. Einen direkten, schnellen, unprofessionellen Weg zur Erkenntnis der langzeitlichen Zusammenhänge von Wirtschaft, Gesellschaft, Kultur und Politik gibt es leider nicht.

Aber es müßte auch aus der Perspektive der Alltagshistoriker dringend sein, diese mit ihren Methoden nicht zu erwerbende Zusammenhangserkenntnis nicht zu ignorieren. Denn einerseits sind die sich wandelnden Strukturen und Erfahrungen noch im kleinsten Raum in hohem Maße Ergebnis jener größeren Zusammenhänge und Prozesse, also ohne Rekurs auf diese nicht zu begreifen. Andererseits spielt sich ein großer Teil unserer Politik und damit der Weichenstellungen, die die einzelnen Personen und die kleinsten Gruppen betreffen, notwendig im überlokalen, überregionalen Raum ab. Ein Verzicht auf die »großen Fragen« der Geschichte bedeutet leicht: Verlust der Politikfähigkeit (so Richard Löwenthal).

Schließlich ist zwar nichts gegen die Existenz mehrerer, auch nicht-kompatibler »Geschichtsbilder« zu sagen. Aber im Interesse an ihrer Geltung oder Wahrheit und im Interesse am immer neu zu erarbeitenden Konsens in wichtigen Fragen, der in der Tat zu einer demokratisch-liberalen politischen Kultur gehört, sollten sie sich nicht gegenseitig ignorieren. Durch Abblendung der »großen Fragen« leisten die Alltagshistoriker dem Vorschub. Sie puzzlen vor sich hin. Eine Infragestellung anderer Geschichtsbilder bedeuten sie deshalb ebensowenig, wie sie sich durch diese selbst in Frage stellen lassen. Eine Partialisierung des Geschichtsverständnisses ist zu konstatieren. Kleinräumige Identifikation durch Abblendung der Zusammenhänge – dies ist intellektuell nicht befriedigend und politisch letztlich problematisch.

Mittellage[1]

Schließlich soll auf einen dritten – nationalgeschichtlichen – Versuch eingegangen werden, die Frage der Identität zu beantworten. Er ist politisch ambivalent, intellektuell anregend, aber letztlich unbefriedigend. Ich meine die zeitgemäß modifizierte Wiederaufnahme der alten These vom deutschen Sonderweg in der Mitte Europas.

»Daß das Maß von Freiheit, das in einem Staate vernünftigerweise stattfinden kann, umgekehrt proportional dem militärisch-politischen Druck sei, der auf seine Grenzen vom Ausland her ausgeübt wird«, diese Überzeugung des Engländers J. R. Seeley teilten bis 1918 viele deutsche Historiker. Sie begründeten und rechtfertigten damit, daß

1 Der mit »Mittellage« überschriebene Abschnitt findet sich teils wörtlich, teils sinngemäß bereits in meiner Rezension der Bücher »Das ruhelose Reich. Deutschland 1866–1918« von Michael Stürmer und »Weimar« von Hagen Schulze in: Geschichtsdidaktik 9 (1984), S. 79–83.

Deutschland in seiner außenpolitisch exponierten Mittellage – und mit seinen spezifischen Traditionen – sich kaum Parlamentarisierung leisten könne, sondern militärisch-bürokratisch geprägter Obrigkeitsstaat bleiben, also insofern (im Vergleich zu Westeuropa) einen »Sonderweg« gehen müsse.

Kluge Historiker wie Otto Hintze gaben diese Sichtweise nach 1918 auf. Nach dem Zweiten Weltkrieg fand sie kaum noch Verteidiger. Erst Ende der 70er Jahre wurde sie in einer kritischen Variante wieder aufgenommen, und zwar von dem Amerikaner D. P. Calleo, der die historischen Schwierigkeiten und seines Erachtens weiter bestehenden Unberechenbarkeiten der Deutschen nicht sehr überzeugend aus ihrer geographischen Mittellage zu erklären versuchte. Dann bedienten sich Michael Stürmer und Hagen Schulze in ihren bei Siedler veröffentlichten, gewichtigen Büchern über »Das ruhelose Reich. Deutschland 1866–1918« und »Weimar« der neuen geohistorischen Hypothese, und seitdem macht diese Sicht eine gewisse Karriere, bis hinein in die früheren Reden des gegenwärtigen Bundespräsidenten v. Weizsäcker. Die Sicht paßt eigentlich gut zum Wunsch nach Äquidistanz gegenüber Osten und Westen (einem Wunsch, der von Stürmer, Schulze und v. Weizsäcker allerdings nicht vertreten, sondern abgelehnt wird). Diese Sicht ließe sich gut zur Begründung neuer deutscher Sonderwege benützen, wer weiß, auf welchen Gebieten. Darin steckt ihre politische Brisanz.

»Die große Konstante der deutschen Geschichte ist die Mittellage in Europa; Deutschlands Schicksal ist die Geographie« (H. Schulze). Dahinter steckt die Überzeugung, daß das europäische Gleichgewicht eine schwache Mitte voraussetzte und insofern die staatsrechtliche Vielgliedrigkeit des Alten Reiches und des Deutschen Bundes im Grunde die angemessenere Lösung gewesen sei. Die Gründung des Deutschen Reiches im »Herzen Europas« habe dann 1871 eine tiefgreifende Gleichgewichtsstörung bedeutet. Diese sei nur vorübergehend den europäischen Mächten durch die maßvolle Außenpolitik Bismarcks akzeptabel gemacht worden, die aber nur gelingen konnte, solange sie mit einer die innere Dynamik des Kaiserreichs in Schranken haltenden obrigkeitsstaatlichen Verfassungs- und Repressionspolitik verbunden war. »Deutschland wird von seinen Nachbarn so lange und gerade eben noch ertragen, wie der Deckel fest auf seinem brodelnden Innern sitzt. Aus diesem Grund wird der Weltkrieg früher oder später unvermeidlich, als Bismarcks Nachfolger dessen Politik der strikten Beschränkung ... aufgeben und die Macht der alten preußischen Oberschicht ... zunehmend unterhöhlt wird. Das Aufkommen organisierter Verbandsinteressen, nationalistischer und imperialistischer Massenorganisationen, der allmähliche Parlamentarisierungsprozeß und der schleichende Machtverlust des preußischen Staatsministeriums ... – alles das hängt miteinander zusammen und zerstört unaufhaltsam die Begrenzungen, die das europäische System der Existenz des deutschen Nationalstaats setzt. Der Konflikt ist unter diesen Umständen so absehbar wie die deutsche Niederlage, und wahrscheinlich ist auch die anschließende Auflösung des Deutschen Reichs.«

Es ist klar, daß sich diese Sichtweise gegen die lange vorherrschende liberale Interpretation des Kaiserreichs wendet, wie sie u. a. von Hans Rosenberg, Ernst Fraenkel, Fritz Fischer, Gerhard A. Ritter, Hans-Ulrich Wehler, Hans-Jürgen Puhle, Heinrich August Winkler, Wolfgang Mommsen, Gordon Craig und früher auch von Karl-Dietrich Bracher vertreten wurde – in jeweils anderen Varianten. Während aus dieser liberalen Sicht die obrigkeitsstaatlich-vorparlamentarische Struktur des Kaiserreichs als konfliktverschärfende Belastung und langfristig wirkendes Hindernis liberaler Demokratisierung in Deutschland begriffen wurde, erscheint der vorparlamentarisch-obrigkeitsstaatliche Charakter des Reichs bei Stürmer und Schulze als berechtigte Konsequenz der geographischen Mittellage und als Garant des Friedens, der nur leider auf Dauer den Kräften der Bewegung nicht gewachsen war.

Während die verhinderte Parlamentarisierung und die fortdauernde Dominanz traditionaler Eliten aus Adel, Militär und Bürokratie zumeist als Strukturdefizite des Kaiserreichs angesehen wurden, hätten nach Stürmer und Schulze eine frühere Parlamentarisierung und gründlichere Demokratisierung die Politik des Reiches nur noch maßloser gemacht; ihrer Meinung nach litt das Reich eher unter einem Zuviel an Demokratisierung, Mobilisierung und Dynamik, weniger an seiner obrigkeitsstaatlichen Starre. Eine besondere Gefahr stellte dieses Reich nicht deswegen dar, weil es etwa expansiver und aggressiver war als seine westlichen Nachbarn, sondern weil die an sich »normale« Expansivität dieses Reiches nicht mit seiner geographischen Lage vereinbar war.

Aber diese Sichtweise kann nicht überzeugen. Mit ihr kann man nicht erklären, warum mit welcher Notwendigkeit dieses Reich in der Mitte seine innere Dynamik entwickelte und schließlich nach außen lenkte. Und sie übersieht, daß es gerade die obrigkeitsstaatlich-vorparlamentarische Unbeweglichkeit der Reichsverfassung war, die die auf Partizipation dringenden sozialen und politischen Kräfte ins Abseits drängte und so irrational-destruktive Strömungen hervorbringen half, die dann destabilisierend wirkten, nach innen und außen.

Grundsätzlicher noch: Die Geographie als solche erklärt wenig. Auch die Schweiz und Polen liegen »in der Mitte«, und doch haben sie eine ganz andere Geschichte. Mit der geographischen Lage Deutschlands sind im Laufe der Jahrhunderte ganz unterschiedliche Verfassungsstrukturen und Bündniskonstellationen vereinbar gewesen. Die Definition der Mitte ist selbst ein historisches Phänomen und ändert sich mit der Zeit. Auf dem Wiener Kongreß z. B. war das geschlagene und als gefährlich erachtete Frankreich der Staat in der Mitte zwischen England einerseits, dem entstehenden Deutschen Bund und dem Zarenreich andererseits. Die Geographie ist weder Schicksal noch erklärt sie viel. Auch so läßt sich die Frage nach der deutschen Identität nicht beantworten, wenn es sich auch gut macht, bedeutungsschwer von der Lage im Herzen Europas und der damit verbundenen schicksalhaften Erbschaft zu munkeln.

Kritik als Identität

Weder durch relativierende Einebnung der nationalsozialistischen Periode und anderer dunkler Punkte unserer Vergangenheit noch durch die liebevolle Zeichnung alltagshistorischer Miniaturen, noch durch einen neuen kurzschlüssigen Geographismus sollten die Historiker auf die Zumutung reagieren, Identität zu stiften. Ihre Aufgabe ist die Beschreibung, Erklärung und Darstellung vergangener Wirklichkeit mit wissenschaftlichen Mitteln unter den sich wandelnden und nie einheitlichen, zukunftsorientierten Problemstellungen der Gegenwart. Indem sie die Gegenwart in ein möglichst aufgeklärtes – und das heißt zutreffendes, umfassendes, gemeinsames und kritisches – Verhältnis zu ihrer Vergangenheit zu setzen helfen, erfüllen sie wichtige gesellschaftliche Bedürfnisse und tragen in einem grundsätzlichen und vermittelten Sinn zur Identitätsfindung bei, vorausgesetzt, man benutzt einen Begriff von Identität, der Selbst-Distanzierung und Reflexion ebenso einschließt wie ständigen Wandel und immer erneute Kritik.

»Historikerstreit«. Die Dokumentation der Kontroverse um die Einzigartigkeit der nationalsozialistischen Judenvernichtung, München 1987, S. 132–142. Erstdruck: Frankfurter Rundschau, 23. September 1986, S. 10. Eine Langfassung des Beitrags erschien unter dem Titel »Kritik und Identität. Nationalsozialismus, Alltag und Geographie« in: Die Neue Gesellschaft/ Frankfurter Hefte, Oktober 1986, S. 890–897.

So viele Knoten am Paket der Geschichte

Jetzt hat das Bundeskabinett endgültig die Errichtung eines »Hauses der Geschichte der Bundesrepublik Deutschland« in Bonn beschlossen. Es soll den Werdegang dieses Staates seit 1949 samt seiner unmittelbaren Vorgeschichte behandeln. Es wird mindestens hundert Millionen Mark kosten. Der inhaltliche Aufbau ist längst im Gang, trotz entschiedener Einwände der Opposition und eines Teiles der Fachöffentlichkeit.

Seit April liegt das umfangreiche Gutachten einer Sachverständigenkommission über ein »Deutsches Historisches Museum« vor, das sich mit der ganzen deutschen Geschichte befassen soll, vom Mittelalter bis zur Gegenwart. Die Bundesregierung will es der Stadt Berlin zu deren 750. Geburtstag schenken, zumindest die symbolische Grundsteinlegung ist deshalb für den Herbst 1987 geplant. Die ursprünglich in Aussicht genommene Summe von zweihundertfünfzig Millionen Mark wird wohl nicht reichen. Die kontroverse Diskussion dieses Vorhabens hat begonnen.

In beiden Fällen hat sich der Bundeskanzler persönlich stark engagiert und sein Renommee für die Projekte in die Waagschale geworfen. In beiden Fällen schwankt die Opposition zwischen skeptischer Distanz und Bereitschaft zur Einflußnahme, doch wenigstens das Bonner Unternehmen scheint ohne ihre Mitwirkung durchgezogen zu werden. Der Streit aber geht in beiden Fällen nicht nur um Parteipolitik, sondern um grundsätzliche Probleme. Wie soll sich eine pluralistische, möglichst demokratische Gesellschaft zu ihrer Geschichte verhalten? Was ist »unsere« Geschichte? Muß man das Bild von der Vergangenheit besetzen, um die Zukunft zu gewinnen? Aber wer ist dann »man«? Verkürzt man den historischen Zusammenhang affirmativ, wenn man ihn visualisiert und ins Museum bringt? Geschichte als Identitätslieferant, Sinnstiftungsmittel und Ressource im Kampf um die Seelen der Menschen?

Der Wunsch nach einem umfassenden Museum für deutsche Geschichte ist älter als die gegenwärtigen Regierungskoalitionen in Bonn und Berlin. Spätestens seit den frühen 70er Jahren wurde er in verschiedener Form geäußert, manchmal im Sinn eines Konkurrenzunternehmens zum linientreuen Museum für Deutsche Geschichte im Ostberliner Zeughaus. Aus der Umgebung des Bundespräsidenten Scheel kamen Anregungen. 1978 erklärte der damals noch SPD-geführte Westberliner Senat sein großes Interesse an einer Dokumentation und Präsentation der deutschen Geschichte. Die erfolgreichen historischen Großausstellungen – Staufer, Wittelsbacher, Preußen – gaben dem Gedanken neuen Auftrieb, ein nationales historisches Museum an möglichst geschichtsträchtigem Platz zu errichten. Im Frühjahr 1982 sprachen sich Richard von Weizsäcker, als Berlins Regierender Bürgermeister, und im Oktober 1982 Bundeskanzler Kohl für den Plan aus. Dann gabelte sich die Perspektive.

Schließlich ging es ja nicht nur allgemein um deutsche Geschichte und darauf beruhende »Identität«, sondern auch um die »Identität« der Bundesrepublik und ihre Geschichte. Beides kann ja bekanntlich in Spannung miteinander stehen. Die entscheidende Identifikation mit der Bundesrepublik kann die gesamtdeutsche Dimension von Geschichte und Politik verblassen lassen, und Adenauers Weichenstellungen haben in diese Richtung geführt. Umgekehrt erscheint im Licht gesamtdeutsch-nationaler Geschichtsbesinnung die Bundesrepublik leicht als ungeliebte Not- und Zwischenlösung ohne eigene historische Dignität. Was immer an Überlegungen zugrunde lag, die Planung wurde doppelgleisig.

Absage für Aufführungen wechselnder Regisseure

Im Frühjahr 1983 erhielt eine sehr kleine Kommission (die Historiker Gall, Hildebrand und Müller, der Museumsexperte Löber) von der Bundesregierung den Auftrag, die Konzeption für das »Haus der Geschichte der Bundesrepublik« in Bonn zu entwerfen. Die öffentliche Diskussion des Projekts erreichte mit einer sehr kritischen Experten-Anhörung der SPD-Bundestagsfraktion im Mai 1984 ihren Höhepunkt. Mittlerweile arbeitet ein Aufbaustab an der Realisierung – auf der Grundlage des nur unwesentlich ergänzten und modifizierten damaligen Entwurfs, unter verantwortlicher Leitung der damaligen Gutachter und in der Verwaltung des Bundesinnenministeriums. Der Bau wird geplant, die Einrichtung der Stiftung »Haus der Geschichte« ist beschlossen. Die SPD hat zunächst abgelehnt, sich an dem kontrollierenden Kuratorium zu beteiligen, das aus Mitgliedern des Bundestages, der Bundesregierung und der Länder zusammengesetzt sein soll; der damit gebotene Einfluß schien ihr wohl zu gering. Auch ein wissenschaftlicher Beirat und ein »Arbeitskreis gesellschaftlich relevanter Kräfte« sind vorgesehen. Der Architektenwettbewerb läuft.

Weniger zügig, dafür offener und pluralistischer verlief und verläuft die parallele Planung eines Deutschen Historischen Museums in West-Berlin. Schon 1982 lag ein vom dortigen Senat in Auftrag gegebenes Gutachten von vier Historikern vor, das im wesentlichen die Ausstellung der deutschen Nationalgeschichte seit dem 18. Jahrhundert empfahl, und zwar im Berliner Martin-Gropius-Bau. Aus der daraus folgenden, kontrovers und öffentlich geführten Diskussion entwickelte 1984 der Berliner Kultursenator Hassemer den sehr interessanten Plan eines »Forums für Geschichte und Gegenwart« im Berliner Martin-Gropius-Bau, das dem Pluralismus gegenwartsbezogenen Geschichtsverständnisses Rechnung tragen, von wechselnden »Regisseuren« unter der Oberleitung eines »Intendanten« geführt werden und das Schwergewicht auf große Wechselausstellungen legen sollte, aus denen langfristig eine Dauerausstellung über die deutsche Geschichte herauswachsen sollte.

Dieses originelle Projekt fand breite Zustimmung in Berlin, aber nicht in Bonn. Im Bericht über die Lage der Nation vom Februar 1985 nahm der Bundeskanzler die Initiative und übersprang die Berliner Planungen. Er kündigte an, die Bundesregierung werde der Stadt Berlin zum 750. Geburtstag »das Deutsche Historische Museum bauen und einrichten«. Nicht alle Berliner freuten sich über das Geschenk. Vorläufige Einigungen zwischen Bundesregierung und Berliner Senat folgten, etwa über den Platz für den Neubau in der Nähe des alten Reichstagsgebäudes.

Im Herbst 1985 setzte die Bundesregierung, wohl im Einvernehmen mit dem Berliner Senat, eine Sachverständigenkommission ein, die 16 Historiker, Museumsfachleute und Kunsthistoriker aus sehr unterschiedlichen Richtungen umfaßte, selbständig und unabhängig arbeitete und im April 1986 ihr Konzept für ein »Deutsches Historisches Museum« in Berlin vorlegte. Dieses Konzept ist mittlerweile mit hoher Auflage veröffentlicht und an eine Vielzahl von Organisationen, Institutionen und Gruppen, an Abgeordnete, zahlreiche Historiker und viele andere Personen verschickt worden. Eine breite Diskussion hat begonnen, deren Ergebnisse im Herbst in die Konzeption eingearbeitet werden sollen. Die Ausschreibung eines Architektenwettbewerbs für den Berliner Neubau ist in Vorbereitung.

Die Geschichte der Bundesrepublik, davon geht das Konzept für das Bonner Haus richtig aus, ist mehr und mehr zur Basis des historischen Selbstverständnisses geworden, und das erklärte Ziel des Bonner Unternehmens ist es, »jenes historische Selbstverständnis einerseits zu festigen (und) es andererseits in dem Rahmen der nationalen und internationalen Bezüge und Bindungen zu verankern, in denen die Bundesrepublik steht«. Dies soll in insgesamt 27 Räumen einer zu entwickelnden Dauerausstellung geschehen, die »von der Politik der Siegermächte« und der »Demokratiegründung in West-Deutschland« bis zu den »Problemen der siebziger Jahre« und dem Ende der sozialliberalen Koalition 1982 im ganzen streng chronologisch gebaut ist. Allerdings werden in den zahlreichen »Schwerpunkträumen« einzelne Themen intensiv behandelt und dort auch Rück- und Vorausblicke erlaubt (Beispiele solcher Schwerpunkträume: »Der Weg zur Teilung Deutschlands«, »Integration der Flüchtlinge und Vertriebenen«). Außerdem sind wechselnde Sonderausstellungen, höchstens zwei pro Jahr, vorgesehen, zu Themen wie »Die Bedeutung der Bundeswehr«, die »Geschichte der Gewerkschaften« oder »Tourismus«.

Zwar ist auch die Behandlung der Wirtschafts- und Sozialgeschichte, der Geistes-, Mentalitäts- und Kulturgeschichte vorgesehen, doch wird die Geschichte der Außen- und Innenpolitik als »Leit- und Orientierungsschiene« dienen. Sie wird eindeutig dominieren und die Kriterien der Gliederung abgeben: von Regierungsbildung zu Regierungsbildung, von Kanzler zu Kanzler, sehr kleinschrittig und mit starker Betonung der Zäsur von 1963 (Ende der Regierung

Adenauer), gegenüber der die Einschnitte von 1966 und 1969 etwas relativiert werden.

Es entspricht der Zielsetzung des Hauses – »Festigung« und »Verankerung« des historischen Selbstverständnisses der Bürger –, daß das Konzept kaum Fragen formuliert und auch nicht die kritische Auseinandersetzung der Besucher mit ihrer Geschichte erreichen will, sondern – sehr sicher, ohne jeden Selbstzweifel und im Grunde auch ohne ausdrücklichen Bezug auf die ja an sich nicht fehlenden alternativen Gesamtdeutungen – ein Geschichtsbild der Bundesrepublik entwirft. Man muß betonen: Das Konzept bemüht sich um Ausgewogenheit, ist keineswegs einseitig und wurde von guten Sachkennern formuliert. Es sieht die Geschichte der Bundesrepublik primär als gelungene Erfolgsgeschichte, aber weder verschweigt es die großen Konflikte (wie den Kampf um die Wiederaufrüstung) noch vergißt es die Unterlegenen ganz. Auch soll von »Schattenseiten und Defiziten« nicht abgelenkt werden, obwohl diese mehr nach 1966 als vor 1963 verortet sind. Die geplante Ausstellung möchte – nicht ohne Erfolg – die Bundesrepublik in verschiedenen Zusammenhängen darstellen und verschiedene Besucherinteressen ansprechen.

Doch werden grundsätzliche Prioritäten gesetzt, die nicht jeder teilt. So zentriert das Konzept die Darstellung um die »große Politik«, ein gesellschaftsgeschichtlicher Ansatz ist ihm fremd. Es schreibt Festlegungen bis ins einzelne vor (»Eine Würdigung Ludwig Erhards wird sich nicht nur auf seine Kanzlerschaft konzentrieren. Vielmehr sollten in diesem Zusammenhang auch Programm und Praxis der Sozialen Marktwirtschaft eingehend erörtert werden.«) Dafür fällt manches weg, zum Beispiel der Abbruch der Entnazifizierung. Weichen werden gestellt durch nicht selbstverständliche Wahl der Begriffe: vom anti-totalitären Grundkonsens ist die Rede (gefährdet in den 60er und 70er Jahren), nicht aber vom Antikommunismus. In einem so positiven Licht erscheinen die 50er und frühen 60er Jahre, daß man gar nicht recht versteht, wie es zu dem fundamentalen Protest und dem Neuaufbruch der späten 60er Jahre kommen konnte. Insgesamt überwiegt der zufriedene Rückblick auf die gelungene Leistung, in wohlabgewogener Sprache. In diesem Haus der Geschichte wird sich die Bundesrepublik liberal-konservativ, aber kräftig auf die Schulter klopfen.

Mut zur kontroversen Selbstdarstellung

Die Kritik hat dies und vieles andere bemängelt. So schlug man vor, die Einbettung in die allgemeine europäische Geschichte und das Wechselverhältnis zwischen Bundesrepublik und DDR ernster zu nehmen. Vor allem aber forderte man mehr »Mut zur kontroversen Selbstdarstellung« (Helga Grebing). Alternative Sichtweisen müßten zentral einbezogen, Streitfragen stärker betont und beides in einer »Vielfalt von Präsentationsformen« sichtbar gemacht werden. Und es wurde bedauert, daß das Gremium der entscheidenden Fachleute nicht repräsentativer zusammengesetzt und weder Parlament noch Öffentlichkeit hinreichend beteiligt seien. Sollte sich das nicht noch reparieren lassen?

Die Vorbereitung des Berliner Projektes funktionierte besser: mehr öffentliche Diskussion von Anfang an und ein größeres repräsentativeres Gremium von Planern, dem unter anderem die Historiker Heinrich Lutz (mittlerweile verstorben), Michael Stürmer, Hartmut Boockmann, der Museumsfachmann Christoph Stölzl, der Politikwissenschaftler Richard Löwenthal und Werner Knopp von der Stiftung Preußischer Kulturbesitz als Vorsitzender angehörten. Hier einige Schwerpunkte des Konzepts, das beim Innen- und beim Bauministerium in Bonn bestellt werden kann:

Das Museum will über die deutsche Geschichte informieren, in ihrem europäischen und zivilisationsgeschichtlichen Zusammenhang, aber auch in ihrer inneren Vielfalt und ihren regionalen Besonderheiten. Es soll die Besucher zu Fragen und kritischer Auseinandersetzung animieren, aber auch Antworten und Identifikationsmöglichkeiten anbieten. Es soll der Aufklärung und Verständigung im Umgang mit der gemeinsamen Geschichte dienen. Es soll unterhalten.

Das Geschichtsbild gibt es nicht, betont das Gutachten. Eine pluralistische Gesellschaft habe Platz für mehrere, auch konkurrierende Geschichtsbilder. Das Museum müsse verschiedene Perspektiven zur Darstellung bringen, auch Kontroversen thematisieren und nach Alternativen fragen, die unterlegen sind. Das geplante Haus wird der Tatsache Rechnung tragen, daß sich die Fragen an die Geschichte mit der Zeit ändern. Die Präsentation muß deshalb in sich flexibel und veränderbar sein.

Die Kommission erwartet, daß die langfristig angestrebte Dauerausstellung nur allmählich geschaffen werden kann und aus einer Vielzahl von großen Wechselausstellungen hervorwachsen wird, die für eine sehr lange Übergangszeit den Schwerpunkt der Wirksamkeit des Museums darstellen werden. Auch später, wenn die Dauerausstellung einmal steht (und sich weiterentwickelt), soll genug Platz für ergänzende Wechselausstellungen bleiben, etwa zur Darstellung einzelner Regionen, zur Präsentation alternativer Sichtweisen, zum internationalen Vergleich oder für Initiativen kleiner Gruppen. Das Gutachten nennt Geschichtswerkstätten als Beispiel. Die Grundgedanken des »Forums für Geschichte und Gegenwart« sind in das neue Konzept eingeflossen.

Das Gutachten spricht sich dafür aus, die politische Geschichte und die Wirtschaftsgeschichte, die Kulturgeschichte und die Sozialgeschichte ungefähr gleichwertig zu behandeln. Auf die ohnehin nicht begründbare Auszeichnung der Politikgeschichte verzichtet es also.

Eine nationalgeschichtliche Verengung ist nicht vorgesehen. Der europäische Zusammenhang, die regionale Vielfalt und allgemeine zivilisationsgeschichtliche Fragen werden gleichfalls betont. Die Frage nach den nationalen Gemeinsamkeiten in Institutionen ist eine wichtige Leitfrage neben anderen. Als gleichrangig sieht das Gutachten

1. die Frage nach Freiheit und Partizipation in der deutschen Geschichte, nach den Bedingungen von Herrschafts- und Staatsbildung an;
2. die Frage nach Arbeit und Wirtschaft im Wandel der Zeit, aber auch nach anderen Aspekten des Verhältnisses von Mensch und Natur;
3. die Frage nach dem Wandel sozialer Ungleichheit, Konflikten und Strukturen (Arm und Reich, Stände, Schichten und Klassen, Männer und Frauen, Mehrheiten und Minderheiten und so weiter);
4. die Frage nach den kulturellen und religiösen Deutungen und Konflikten, Schöpfungen und Institutionen im historischen Zusammenhang, vom prägenden Einfluß christlicher Weltdeutungen über den Wandel der Volkskultur bis zur modernen Wissenschaftsgeschichte.

Nach einer knappen Einführung in die Frühgeschichte soll die Darstellung mit der ersten Erwähnung der Deutschen im 9. Jahrhundert beginnen und bis in die Gegenwart führen, mit zunehmender Ausführlichkeit.

Die großen Emanzipationsbewegungen und ihre Erfolge sollen in dem Museum ebenso anschaulich werden wie die großen Katastrophen unserer Geschichte: die Kriege und Unterdrückungen bis hin zur nationalsozialistischen Diktatur und zum Holocaust. Eine Einplanierung unserer jüngsten Geschichte zwecks Herstellung zustimmungsfähiger Vergangenheit – dies schließt das Gutachten aus.

Aus der Vielfalt Einheit schaffen

»Charakteristisch für die deutsche Vergangenheit sind die sich ändernden Grenzen des von Deutschen besiedelten Raums in der Mitte Europas. Charakteristisch ist auch, daß die Deutschen zumeist in einer Vielzahl von Staaten gelebt haben und daß das deutsche Siedlungsgebiet von einem Kranz aus Rand- und Mischzonen umgeben war. Entsprechend wird das Deutsche Historische Museum die deutsche Geschichte in sich wandelnden Räumen darstellen... Die Abwesenheit scharf gezogener Grenzen wird sowohl als Quelle von Spannungen und Konflikten wie auch als Grundlage kulturellen Reichtums, produktiver Symbiosen und vielfältiger Ausstrahlungen sichtbar werden... Die räumliche Erstreckung der deutschen Geschichte wird selbst zum Thema der Darstellung zu machen sein.«

Unter den offenen Fragen, mit denen der vorgeschlagene Rundgang endet, ist die nach den Grenzen, ihrer Verschiebung, Bedeutung und Durchlässigkeit im Langzeitvergleich wie auch nach der Existenz deutscher Bevölkerung und deutscher Tradition außerhalb der Territorien deutscher Staatswesen früher und heute.

Was kontrovers war und ist, soll als Kontroverse anschaulich werden. Das Museum kann nicht die Probleme der realen Geschichte lösen, die diese nicht selbst gelöst hat.

Neben chronologisch definierten Räumen und sogenannten »Vertiefungsräumen« an Knotenpunkten der Entwicklung (1200, 1500, 1800, 1914, 1933 und 1945) schlägt das Gutachten »Themenräume« vor, in denen zusammenfassende Längsschnitte durch epochenübergreifende Themen gestaltet werden, zum Beispiel »Die Geschichte der Juden in Deutschland«, »Das Verhältnis zwischen den Geschlechtern im Wandel« oder »Militär und Gesellschaft in Krieg und Frieden«.

Die öffentliche Diskussion des Museumskonzepts hat erst begonnen. Insgesamt scheint es viel Zustimmung zu finden. Aber es gibt auch ernst zu nehmende Kritik. Manche plädieren für eine stärker themenorientierte Struktur und gegen das chronologische Grundmuster, das die Kommission vorschlägt. Manche halten andere Periodisierungseinschnitte für besser oder meinen, daß die Moderne seit der Zeitenwende um 1800 mehr Platz erhalten sollte. (Das Gutachten sieht – ohne epochenübergreifende Räume und Wechselausstellungen – knapp 3/5 der Fläche für die Zeit von 1800 bis zur Gegenwart vor). Andere haben bemängelt, daß noch nicht im einzelnen ausgeführt sei, welche Themen mit welchen Mitteln dargestellt werden sollen; natürlich ist dies zunächst nur ein Grobkonzept, kein fertiges »Drehbuch«.

Disneyland oder Originalfetischismus

Viel Streit gab es darüber, wieweit man auf Originalexponate setzen und wieweit man alternative Darstellungsformen (Rekonstruktion, Ensembles, Inszenierungen) zulassen soll. Beide Konzepte gehen in dieser Hinsicht einen vernünftigen Mittelweg: zwischen »Originalfetischismus« und »Disneyland«. Aber es bleibt ein schwieriges Problem, wie der diskursive, pluralistische, aufklärerische Zugang zur Geschichte, den das Gutachten zum Berliner Projekt vertritt, mit museumsspezifischen, ausstellerischen Mitteln realisiert und sinnlich erfahrbar gemacht werden kann. Zwingt das Medium »Museum« nicht am Ende doch zu einem stark verkürzten, eher affirmativen, oberflächlichen Umgang mit der Geschichte? Ist nicht viel an der Geschichte einfach nicht ausstellbar?

Einige Kritiker fordern, die nationalgeschichtliche Dimension in den Mittelpunkt der Darstellung zu rücken, während anderen diese Frage überholt und politisch problematisch erscheint. Es gehe heute um andere Identitäten, zum Beispiel lokaler oder regionaler Art. Ausstellungen zu einzelnen historischen Themen unter wechselnden Fragen entsprächen dem Pluralismus unserer Gesellschaft besser. Ein zentrales Museum für die ganze deutsche Geschichte benötige und wolle man nicht, denn letztlich werde es doch dazu mißbraucht werden, ein Geschichtsbild zentral zu verordnen und nationale Identität zu fabrizieren.

Dazu ist zu sagen: Wer die Geschichte in lokale Mikrogeschichte, in regionale Teilansichten und in Ausstellungen von Einzelthemen auflösen will, der verzichtet auf die Erkenntnis und die Darstellung der Zusammenhänge. Denn selbst die Veränderungen im kleinsten Raum waren und sind Ergebnisse von großen Zusammenhängen und Prozessen (wie Staatsbildung, Klassenbildung, Religion, Kapitalismus und Industrialisierung, Revolutionen); ohne den Rückgriff auf diese sind sie also nicht zu begreifen. Und eine Fragmentierung der historischen Zusammenhänge, ein Verzicht auf die »großen Fragen«, kann leicht den Verlust der Politikfähigkeit bedeuten, wie es Richard Löwenthal formuliert hat.

Auch und gerade heute spielt sich ein großer Teil der Politik in überlokalen, überregionalen Räumen ab. Es wäre überdies historisch falsch und politisch unklug, die nationale

Zugehörigkeit in ihrer Bedeutung zu unterschätzen oder gar zu leugnen. Neben anderen Zugehörigkeiten (zur Region, zu einer weltweiten Zivilisation, zu einer Überzeugungs- oder Religionsgemeinschaft) ist sie weiterhin wichtig und Teil unserer »Identität«. Die Anerkennung dieses leicht und oft erfahrbaren Tatbestandes heißt weder Verzicht auf Kritik, noch stellt sie die Option für »sinnstiftende Nationalge-schichtsschreibung« oder neo-konservative Legitimations-historie dar. Es ist falsch und unredlich, das Konzept in diese Ecke zu drängen und als Moment einer »neo-konservativen Tendenzwende« abzustempeln.

Doch das Mißtrauen bleibt: Das Konzept (für das Deut-sche Historische Museum) mag ja ganz akzeptabel sein, je-denfalls für ein breites Spektrum verschiedener Positionen. Aber wie relevant wird es sein? Wird nicht letztlich entschei-den, welche Personen die Sache in die Hand nehmen und wie sie die Ideen und Themen des Konzepts in einzelne Ex-ponate übersetzen? Gerade nach den bisherigen Erfahrun-gen mit dem Bonner Haus besteht in der parlamentarischen Opposition und in Teilen der Öffentlichkeit, die den Op-positionsparteien nahesteht, die Befürchtung, daß das Mu-seum am Ende doch der neo-konservativen Identitätsstär-kung, der unkritischen Pflege nationaler Tradition, der ideo-logischen Formierung und Sinnstiftung durch Rückgriff auf zustimmungsfähig gemachte Vergangenheit dienen wird – bei gleichzeitiger Ablenkung von den dunklen Seiten und den Brüchen unserer Geschichte.

Als kürzlich die SPD-Bundestagsfraktion eine öffentliche Anhörung zum Thema veranstaltete, dominierte diese Be-fürchtung in der Diskussion. Die Ängste lassen sich vermut-lich zerstreuen: durch Berücksichtigung der sich in der Dis-kussion ergebenden Gesichtspunkte bei der ohnehin geplan-ten Überarbeitung des Konzepts; durch angemessene

Beteiligung der unterschiedlichen Kräfte am Gründungs-
prozeß und an den einzurichtenden Gremien; durch ver-
nünftige, nicht einseitige Organisations- und Personalent-
scheidungen.

Beide Museumsplätze werden langfristig nur dann erfolgreich sein können, wenn es gelingt, für sie breite Zustimmung in Öffentlichkeit und Parlament zu sichern. Das Bonner »Haus für die Geschichte der Bundesrepublik« findet,
wie es scheint, solche Zustimmung derzeit nicht. Ob das
Berliner »Deutsche Historische Museum« sie gewinnen
kann, entscheidet sich in der Diskussion und der prakti-
schen Politik der nächsten Monate.

Rheinischer Merkur, 8. August 1986, S. 15 f.

Jürgen Kocka war am 10. Januar und 14. Februar 1997 an zwei der vom Berliner Kultursenator veranstalteten Experten-Kolloquien zum geplanten »Denkmal für die ermordeten Juden Europas« beteiligt. Aus diesem Diskussionszusammenhang stammt der folgende Artikel.

Gegen die blinde Beklommenheit

Es ist richtig und gerecht, mit einem Denkmal an die Ermordung der europäischen Juden durch das nationalsozialistische Deutschland zu erinnern. Viel spricht für ein Denkmal in der Mitte Berlins. Es ist gut, daß es rasch gebaut werden soll. Doch wichtige Fragen sind offen.

Man darf von einem solchen Denkmal nicht zuviel erwarten. Vergegenwärtigen, was damals geschah? Das kann es nicht. Die Reue der Deutschen ausdrücken? Auch das überfordert das Denkmal. Identifikation mit den Opfern? Das mag ein Holocaust-Denkmal der Juden in Israel beanspruchen können, doch kann dies nicht der Zweck eines Denkmals sein, das im Land der Täter errichtet wird, es würde zu Recht als Vereinnahmung und Anbiederung kritisiert.

Welche Art von Erinnerung ist also gemeint? In Berlin sollte das Denkmal zum einen vor allem Trauer ausdrücken, Trauer über die Leiden, den gewaltsamen Tod und den großen Verlust, den die Vernichtung der Juden für uns in Deutschland und Europa bedeutet; zum Ausdruck der Trauer sind Denkmäler fähig. Zum anderen sollte es Entsetzen über die Exzesse der Unmenschlichkeit, die Größe der Untaten, die Beispiellosigkeit des staatlichen Massenmords versinnbildlichen.

Es ist schwierig, aber durchaus nicht unmöglich, daß ein Denkmal Entsetzen signalisiert. Ein Drittes sollte hinzukommen: der Ausdruck von Scham darüber, daß man als Deutscher dem Volk angehört, das die hauptsächlichen Täter hervorgebracht, geduldet, getragen und unterstützt hat. Scham aber macht leise, wendet sich nach innen, scheut die große Gebärde. Es ist nicht klar, ob Denkmäler, die ja notwendigerweise demonstrativ auf Darstellung nach außen zielen, überhaupt Scham ausdrücken können.

Unter den neun prämierten Entwürfen, aus denen das zu bauende Projekt jetzt ausgesucht werden soll, gibt es keinen, dem die dreifache Aussage von Trauer, Entsetzen und Scham gelingt. Alle sind zu monumental, zu laut, zu groß geraten. Vielleicht liegt es daran, daß die Auslobung nicht genau genug war, weil die Auslober nicht genau wußten, was sie wollten? Das würde für eine neue Auslobung sprechen – und wohl auch für eine neue Jury. Oder sind die professionellen Künstler nicht bereit, sich auf Vorgaben dieser Art einzulassen? Das mindeste ist, daß man für die anstehende Auswahl nicht nur die prämierten neun, sondern die mehr als 500 überhaupt eingegangenen Entwürfe erneut in Betracht zieht.

Das Denkmal soll an die ermordeten europäischen Juden erinnern. Sie waren nicht die einzigen Opfer des nationalsozialistischen Terrors. Zu diesen gehörten auch die geistig und körperlich Behinderten, die als asozial definierten Randgruppen, die Sinti und Roma, die Zeugen Jehovas, viele Linke, Oppositionelle, viele Homosexuelle und Millionen hilfloser Zivilisten und wehrloser Gefangener in und aus Osteuropa.

Viele würden im Land der Täter ein Denkmal »für alle Vergasten, Erschossenen, Gehängten und zu Tode Gequälten des NS-Terrors« (Schoenberner) vorziehen. Allerdings gibt es gute Gründe für ein speziell den ermordeten Juden gewidmetes Denkmal: vor allem die Zentralität, die Ungeheuerlichkeit und die Einzigartigkeit des Holocaust in der Geschichte der Menschheit. Überdies impliziert jede Opferdefinition neue Ausgrenzungen und Konflikte oder wird so allgemein, daß ihre Pauschalität verharmlost.

Die Gruppen der Opfer haben ihr nicht überspringbares Mitspracherecht. Für sie steht die Erinnerung durch ein solches Denkmal in besonderen Sinnzusammenhängen, auch solchen der Identität und der Identitätspolitik. Für manche von ihnen ist eine gemeinsame Gedenkstätte mit anderen Gruppen nicht akzeptabel. So auch in diesem Fall. Es sollte also bei einem Denkmal für die jüdischen Opfer bleiben.

Aber man muß sich über die wahrscheinlichen Folgen klar sein: Es wird keinen gerechten Grund geben, anderen Opfergruppen ihr öffentliches Denkmal zu verweigern. Und wie verhindert man die von Kritikern vorausgesagte unwürdige Hierarchisierung der Totenmale nach Größe, Ausstattung und Standort? Hat die Stadt einen Plan? Oder entscheidet am Ende das Ausmaß des Drucks, den die einzelnen Opfergruppen in Gesellschaft und Politik mobilisieren können?

Die Jury entschied sich für die mittlerweile fast allgemein abgelehnte, monumentale »Grabplatte«, weil sie »auf faszinierende Weise Beklommenheit« auslöste. Aber Faszination und Beklommenheit sind nicht genug. Es kommt darauf an, welche Schlüsse die Betrachter daraus ziehen. Dafür braucht man Information: über Opfer und Täter, über Ursachen und Zusammenhänge, man braucht Erklärung und Deutung. Beim heutigen und künftigen Umgang mit jenen Verbrechen hat Betroffenheit ihren unaufgebbaren Platz, aber ohne Verstand ist sie blind. Die emotionale und die kognitive Dimension gehören zusammen. Das Problem ist noch nicht gelöst.

Entweder man bezieht die Elemente der Information und der Reflexion in das Denkmal selbst ein, das sich damit zur Gedenkstätte entwickelt. Ober aber man bringt das Denkmal in eine Verweisbeziehung zu einem Ort der Information, des Lernens und der Reflexion. Will man das Denkmal im Machtzentrum der Hauptstadt, dann sollte es nah an die »Topographie des Terrors« herangerückt werden – wenn schon nicht auf deren Gelände, dann doch in eine klare Verweisbeziehung zu diesem Ort, der die nötigen Informationen und Erklärungen bereitstellen wird. Verweise, ein Gang, ein Pendelverkehr – es gibt viele Mittel, die nötige Verbindung herzustellen, auch zu anderen authentischen Orten wie Sachsenhausen und Ravensbrück. Jedenfalls sollte man nichts errichten, was der bloßen Ästhetisierung des vergangenen Grauens Vorschub leistet und sich mit der Erregung von Betroffenheit zufrieden gibt.

Für das Denkmal spricht in der Tat sehr viel. Aber seine akzeptable Form, die klaren Funktionen sind noch nicht gefunden. Das Denkmal muß kleiner, stiller und nachdenklicher sein als die bisher ausgewählten Entwürfe. Es muß wirklich zum Nachdenken führen. Es muß eine Sprache sprechen, die noch nicht gefunden ist. Ob sie gefunden werden kann, ist eine offene Frage.

die tageszeitung, 8./9. Februar 1997, S. 10

Erinnerung – produktiv

Zur Walser-Debatte: Das Beispiel Hans-Jochen Vogel

Bevor Hans-Jochen Vogel jetzt den Heinz-Galinski-Preis im Haus der Jüdischen Gemeinde Berlins entgegennahm, hatte er deren Vorsitzenden darauf aufmerksam gemacht, daß er als 15–16jähriger der Hitler-Jugend angehörte. Auch er habe »Heute gehört uns Deutschland, morgen die ganze Welt« gesungen, dann dem »Führer« als Soldat gedient.

Aber Vogel gehört, der Laudator Nachama zeichnete es nach, zur Gründergeneration der Bundesrepublik. Als Jurist, als Bürgermeister von zwei Metropolen, Minister in mehreren Kabinetten, Parteivorsitzender der SPD und in vielen anderen Funktionen hat er kräftig dazu beigetragen, die Bundesrepublik zu dem zu machen, was sie heute ist: vielleicht kein »normales« (was ist das?), aber ein ziemlich demokratisches, freiheitliches, leistungskräftiges Gemeinwesen westlicher Prägung, mit großen sozialen Problemen und vielen Defiziten, aber auch mit der Kraft, sie zu bearbeiten – das Gegenbild zur NS-Diktatur.

Die Erinnerung an seine Jugend im Nationalsozialismus, an die Untaten der Deutschen in der Nazizeit, überhaupt an den Zivilisationsbruch 1933–1945 hat für Vogel, er machte es klar, dabei eine entscheidende Rolle gespielt, als Warnung und Orientierung, als Antrieb zum Engagement, als Quelle der Kraft zu politischer Arbeit, als Geschichte, aus der man lernt.

In der von Martin Walser provozierten Debatte über die Last der Erinnerung und die Entlastung durch Verdrängen droht diese einerseits einfache, andererseits schwierige, fast biedere Wahrheit marginalisiert zu werden: Die möglichst klare Erinnerung an die Ermordung der Juden und die anderen Verbrechen der Nationalsozialisten entspricht dem deutschen Interesse. Sicher ist diese Erinnerung immer auch eine quälende, bisweilen unerträgliche Last, und man soll sich nicht wundern, daß immer wieder jemand öffentlich aufstöhnt über die »Vergangenheit, die nicht vergeht« (Nolte) oder »unsere Schande« (Walser), auf die man nicht immer gestoßen werden will. So jemand verdient Verständnis, aber keinen Applaus.

Denn letztlich ist diese Erinnerung produktiv, kann es jedenfalls sein. Sie war es für die Generation, die die Bundesrepublik aufbaute. Die Erinnerung hat nicht gelähmt, sondern mobilisiert und zugleich vorsichtig gemacht. Sie hielt im Bewußtsein, daß auch eine moderne Zivilisation in Barbarei umschlagen kann. Sie motivierte zum politischen Engagement mit dem Ziel, in Zukunft Ähnliches zu vermeiden. Sie wurde zum zentralen Baustein demokratischer Identität der Bundesrepublik, in bewußter Absetzung von ihrer diktatorischen Vorgeschichte. Sie konnte sogar zur Folie einer gewissen Genugtuung darüber werden, daß die Bundesrepublik ihr nationalsozialistisches Erbe vergleichsweise gründlich überwand und mit ihr in Deutschland zum ersten Mal eine dauerhaft funktionierende stabile Demokratie entstand. Die ungeschminkte Erinnerung an den Nationalsozialismus, seine Opfer und seine Ursachen ist insofern eine wichtige Ressource und ein prägender Bestandteil deutscher Identität in der Bundesrepublik. Sie muß es auch in Zukunft bleiben.

Zugegeben, dies ist nicht alles, in dieser Funktion geht

Erinnerung nicht auf. Sie trägt viele Gesichter, läßt sich auch nicht kanalisieren, wie man das Vergessen nicht planen kann. Sie einigt nicht nur, vielmehr trennt und verstört sie auch. Doch über ihren zentralen Ort in unserer politischen Kultur, über ihre Notwendigkeit und ihre fundamental positiven Auswirkungen besteht eigentlich viel Konsens. Dies sollte man betonen. Dann läßt sich angemessener über ihr zu wünschendes Maß und die richtigen Formen streiten. Sie sind noch längst nicht gefunden.

Der Tagesspiegel, 5. *Dezember* 1998, *S.* 25.

NATION, AUFKLÄRUNG UND IDENTITÄT

Geschichte als Aufklärung?

Das Verhältnis von Geschichte und Aufklärung ist, jedenfalls in Deutschland, gespannt, herkömmlicherweise und gegenwärtig. Einige Beobachtungen sollen dies erläutern. Zu einer akademischen Leitdisziplin wurde die Geschichte erst im 19. Jahrhundert, in den Jahren der Restauration, und das sie bald prägende historistische Paradigma setzte sich geradezu programmatisch vom angeblich unhistorischen, naturrechtlichen, schematischen Aufklärungsdenken ab. Die bürgerlich-volkstümliche Geschichtsbewegung des 19. Jahrhunderts mit ihren vielen lokalen Geschichtsvereinen, Denkmälern und historisierenden Festen sah sich nicht primär in menschheitsgeschichtlich-aufklärerischer Tradition, sondern erinnerte Partikulares: regionale Identitäten und das, was der entstehenden Nation, dem ersehnten Nationalstaat spezifisch sein sollte. Unvergessen ist die scharfe Abgrenzung der deutschen Geschichtswissenschaft gegen das »seichte« Aufklärungsdenken, den Positivismus, die westliche Zivilisation seit dem späten 19. Jahrhundert und vor allem seit dem Ersten Weltkrieg: mit den »Ideen von 1914« gegen die von »1789«. Zwischen 1933 und 1945 ist die Geschichte des Faches zwar durch wenig direkte Instrumentalisierung, aber durch noch weniger Widerstand geprägt. Hätte es in dieser Phase eklatanter Gegen-Aufklärung nicht mehr Reibung zwischen Historikern und Nationalsozialismus geben müssen, wenn aufklärerische Tradition im Fach tiefer verankert gewesen wären?

Heute ist vieles anders. Doch der Aufschwung des historischen Interesses, den wir erleben, der sich in neuer öffentlicher Hochschätzung für die Geschichte, in historischen Ausstellungen und Museen, historischen Bestsellern und Geschichtsfesten, Spurensicherungs- und Konservierungskampagnen, Flohmarktkultur und Historikerstreit – also sehr vielfältig – ausdrückt, dieser Aufschwung des historischen Interesses geschieht, fürchte ich, nur sehr begrenzt im Zeichen der Aufklärung. Nicht das – zum Kern von Aufklärung gehörende – Bedürfnis nach rationaler Kritik speist gegenwärtig die Hinwendung zur Geschichte, sondern das Verlangen nach Identität. Nicht die Hoffnung auf Emanzipation und Reform dient als Treibsatz des historischen Fragens, sondern der Wunsch nach Bewahrung und die Suche nach Halt angesichts selbstläufiger, sich beschleunigender, als bedrohlich empfundener Wandlungen. Erinnerung ist gewünscht, Erklärung viel weniger. Erzählung erwartet man vom Historiker eher als Analyse. Der neue historische Sinn kommt oft zusammen mit Zivilisationskritik und Zukunftsskepsis einher. »Dissonanzen des Fortschritts« beschreibt der Historiker Michael Stürmer und setzt auf historische Erinnerung, um jenen Konsens zu stärken, den Gesellschaften seines Erachtens brauchen, damit sie nicht in den geistigen Bürgerkrieg abrutschen. »Der Wunsch nach Geborgenheit und Sicherheit ist nicht per se reaktionär,« schreibt Dorothea Trittel – anders und doch ähnlich – in der Nummer der Geschichtswerkstatt, die sich »Schwierigkeiten beim Entdecken der Heimat« widmet. Der Philosoph Hermann Lübbe meint: »Herkunftstreue läßt uns in bezug auf die Folgelasten von Modernisierungsprozessen besser standhalten.« Und sein Kollege Odo Marquard empfiehlt die Geisteswissenschaften als riesigen Kompensations- und Reparaturbetrieb angesichts der modernisierungsbedingten Sinnverluste, die wir angeblich erleiden.

Wie sich an diesen beliebig vermehrbaren Beispielen zeigt, ist die Allianz zwischen Aufklärung und Geschichte nicht selbstverständlich. Aber sie ist möglich. Dies vor allem deshalb, weil es neben vielen anderen Formen des Umgangs mit Geschichte auch Geschichte als Wissenschaft gibt und der wissenschaftliche Umgang mit Geschichte – aus Gründen, die mit der Rolle der Wissenschaften in unseren Gesellschaften überhaupt zusammenhängen – eine gewisse Vorrangstellung gewonnen hat. Damit meine ich, daß jedenfalls der Tendenz nach auch die Ergebnisse nichtwissenschaftlicher Geschichtsbearbeitung mit der Geschichtswissenschaft vereinbar sein müssen. Am Beispiel: Regierungen mögen an historischen Museen aus politischen Gründen, aus Gründen der nationalen Identität zum Beispiel, interessiert sein und sie deshalb initiieren. Aber es würde ihnen angesichts einer funktionierenden demokratischen Öffentlichkeit sehr schwerfallen, dabei nicht einzuräumen, daß dies nur auf wissenschaftlicher Grundlage geschehen kann. Und dies macht einen Unterschied.

Der wissenschaftliche Umgang mit Geschichte zeichnet sich gegenüber anderen Umgängen mit Geschichte (etwa in Form von Mythen, Legenden, fiktionaler Literatur, Denkmälern, Mahnmalen, historisierenden Festen usw.) dadurch aus, daß er selbst ein Produkt der Aufklärung ist. Erst die Wissenschaftsgeschichte der letzten Jahre hat ins Bewußtsein gehoben, daß die Geschichtswissenschaft ein Produkt des 18. Jahrhunderts ist und vom Denken der Spätaufklärung mindestens so sehr geprägt worden ist wie durch den späteren Historismus. Vier Innovationen sind hervorzuheben, die im 18. Jahrhundert zumindest im Ansatz gelangen und seitdem zum Grundbestand von Geschichtswissenschaft gehören.

Erstens setzte sich als Teil des aufklärerischen Fortschrittsgedankens die Vorstellung von Geschichte im Kollektivsin-

gular durch, und zwar von Geschichte im Sinne eines dies-
seitigen Prozesses. Vorher hatte man entweder von einzelnen
Geschichten (im Plural) gesprochen oder die Geschichte der
Menschen als Teil eines umfassenden heilsgeschichtlichen
Planes gedacht. Damit wurde nun zum erstenmal möglich,
vergangene Wirklichkeit als prinzipiell erforschbaren, dies-
seitigen Gesamtzusammenhang von Ursachen, Handlungen
und Wirkungen zu denken, und zwar so, daß sich Gegenwart und Zukunft von der Vergangenheit zwar gründlich
unterschieden (also nicht wiederholten), gleichwohl aber aus
ihr hervorgingen (»Kontinuität«).

In denselben Jahrzehnten setzten sich zweitens neue, rigi-
dere Methoden der Geltungssicherung durch: Tatsachen
hatten nun die empirische Überprüfung nach bestimmten
Regeln zu bestehen, bevor sie als wahr, und zwar wahr für
alle, akzeptiert werden konnten.

Aus der sich ebenfalls in der zweiten Hälfte des 18. Jahrhunderts ankündigenden Erkenntnis von der Perspektivität
jedes historischen Erkennens wurde drittens nicht die Konsequenz relativistischer Resignation, sondern die Pflicht abge-
leitet, den eigenen »Sehpunkt« und »Plan« – den eigenen Zu-
griff – zu explizieren, zu reflektieren und zur kritischen Diskussion zu stellen, für die man ebenfalls Regeln entwickelte.

Entsprechend änderte sich viertens die Darstellungsform,
sie wurde diskursiver und argumentativer, methoden- und
forschungsbezogener, wollte sich von der »Schönschreiberei
der Literaten« unterscheiden. Schließlich ging es um Wahrheit, nicht um Fiktion. Und dies alles, so sahen es die Chla-
denius, Schlözer, Gatterer und Kollegen, war als Beitrag zur
Selbstverständigung und Erziehung einer Gesellschaft gemeint, deren vernünftigen Fortschritt im menschheitsge-
schichtlichen Maßstab man nicht nur erwartete, sondern
eben dadurch auch zu fördern hoffte.

Eigentlich müßte man jetzt zeigen, warum diese ursprüngliche Allianz zwischen Aufklärung und Geschichte in den letzten 200 Jahren nicht tragfähiger und haltbarer war. Letztlich lag das an denselben Hindernissen, die der Realisierung der aufklärerischen Ideen überhaupt im Wege standen, so daß diese bis heute noch nicht vollendet ist. Aber ich lasse das beiseite und versuche vielmehr zu zeigen, daß auch heute noch im wissenschaftlichen oder wissenschaftskompatiblen Umgang mit Geschichte eine nicht zu unterschätzende aufklärerische Macht steckt, die es festzuhalten und zu entwickeln lohnt.

1. Die der Geschichte als Wissenschaft eigene Rationalität ist im Prinzip geeignet (wenn auch nicht immer mächtig genug), der Instrumentalisierung der Geschichte zu anti-aufklärerischen Zwecken enge Grenzen zu ziehen. Am sogenannten »Historikerstreit« läßt sich das zeigen. Bekanntlich hat Ernst Nolte einen kausalen Zusammenhang zwischen den früheren bolschewistischen Massenvernichtungen und dem späteren nationalsozialistischen Holocaust unterstellt und diesen als nicht ganz unverständliche, gewissermaßen präventive Abwehrreaktion auf die weiterbestehende »asiatische« Drohung interpretiert. Diese Deutung hatte es in sich, dem nationalsozialistischen Massenmord an den Juden nachträglich Sinn zuzusprechen, einen Sinn im Kontext eines ebenfalls unterstellten gesamteuropäischen Abwehrkampfes gegen den Bolschewismus. Zweifellos ein politisch gefährliches Argument. Aber nicht, weil es politisch gefährlich war, hat es Schiffbruch erlitten. Sondern weil es im Lichte der Evidenz und nach dem Maßstab der geschichtswissenschaftlichen Regeln, die bei der Auswertung der Evidenz anzuwenden sind, inakzeptabel, nämlich falsch war. Bis auf die intellektuell unbedeutende Äußerung des Bonner Historikers Hildebrand kenne ich keinen ernst zu nehmenden Fachhistoriker, der diese These ver-

teidigt hätte. Die Historiker, die Nolte gegen Kritik verteidigten (wie Hagen Schulze, Thomas Nipperdey und Horst
Möller), machten um diesen Kern der Nolteschen Provoka-
tion einen vorsichtigen Bogen. Ähnlich – d. h. fachwissen-
schaftlich und nicht nur politisch – kann man Andreas Hill-
grubers Ansatz kritisieren, die Identifikation des Historikers
mit der Perspektive des kämpfenden Ostheers zu verlangen
und auf dieser Grundlage das Ende des Zweiten Weltkriegs
zu beschreiben. Es ist nämlich nicht nur eine Forderung wer-
tender Gerechtigkeit, sondern auch eine Grundregel geschichtswissenschaftlichen Arbeitens, seinerzeit divergieren-
de Perspektiven gegeneinanderzuhalten oder aus einer möglichst umfassenden heutigen Perspektive die damalige
Situation in ihrer Vieldeutigkeit zu begreifen. Diese Grundregel verletzt Hillgruber, allerdings nicht nur er. Ich erspare
mir weitere Beispiele. Die These sollte klar sein: Der wissenschaftliche Diskurs mit seinen Regeln der Quellenkritik, der
Analyse und Interpretation läßt zwar zumeist mehrere, auch
konkurrierende Interpretationen und Ergebnisse zu, aber
nicht alles geht. Vieles schließt er aus. Solange er selbst funktioniert und solange er sich geltend machen kann (was nicht
nur von den Wissenschaftlern abhängt, sondern auch vom
Zustand der Öffentlichkeit, den Machtverhältnissen und Institutionen) sperrt er sich gegen Legenden und Mythen, Verzerrungen und Lügen. Er entfaltet damit eine kritische Kraft,
die weit über den innerwissenschaftlichen Bereich hinaus-
reicht – als Beitrag zur Aufklärung.

2. Bekanntlich wird derzeit häufig von der Besinnung auf
die gemeinsame Geschichte erwartet, daß sie zur Stärkung
von Identität beiträgt, wobei Identität – wenn ich recht sehe
– als konsensförderndes Gemeinsamkeitsgefühl und -be-
wußtsein verstanden wird, das die Legitimität und die kol-
lektive Handlungsfähigkeit (Zukunftsfähigkeit) von Gesell-

schaften stärkt. Daran ist vieles problematisch. Man kann bezweifeln, ob wir hierzulande tatsächlich ein besonderes Identitäts- und Konsensdefizit haben, wie es neokonservative Zeitkritiker befürchten und behaupten. Man kann weiterhin meinen, daß die Legitimität, der Konsens, die Identität gegenwärtiger Systeme zuerst und vor allem von ihrer (nicht nur ökonomischen) Leistungsfähigkeit abhängen und nur zum kleinen Teil von der historischen Erinnerung. Es mag im Grunde für die Leistungskraft von Gesellschaften und die in ihnen mögliche Lebensqualität sprechen, wenn sie ihre Identität nicht mühsam, gewissermaßen sekundär und ideologisch, über historische Besinnungsübungen stiften müssen. Aber wenn man denn schon Geschichte als Identitätslieferantin in Anspruch nimmt, dann ist dreierlei zu bedenken:

Erstens sind Formen der Identitätsstiftung denkbar und beachtbar, die mit Geschichts*wissenschaft* und ihrer spezifischen, aufklärungsgeprägten Rationalität nicht vereinbar sind. Dazu gehört jede Stilisierung und jede Beschönigung der eigenen Geschichte, dazu gehören Mythen und Legenden, dazu gehört jede *primär* über Emotion und Suggestion vermittelte Aneignung von Geschichte. Sicherlich, Stolz, Sympathie und Rührung mögen die Beschäftigung mit der eigenen Geschichte begleiten, häufiger noch Trauer und Mitleid, Verachtung und Haß. Aber wenn man Geschichte als Aufklärung will, darf man dabei nicht stehenbleiben, sondern muß diese Gefühle gedanklich einholen. Die ehrlichste Betroffenheit und die angestrengteste Trauerarbeit können das Begreifen, die Erklärung, die Einordnung des historischen Phänomens nicht ersetzen, und darauf kommt es an, wenn Geschichte orientieren und zukunftsfähig machen soll.

Zweitens halte ich es für eine merkwürdige neokonservative Illusion zu glauben, daß die Erinnerung der gemeinsamen Vergangenheit automatisch zu mehr Konsens und Gemeinschaftlichkeit in der Gegenwart führt. Blickt man nüchtern, unvoreingenommen und um Wahrheit bemüht in die Vergangenheit, dann entdeckt man auch vieles was schmerzt, und vieles, was trennt. Streit ist die Folge, zumindest erfährt man aber Pluralität, Ambivalenz, Relativierung und Zweifel. Nietzsche hat das übrigens beschrieben und – von seinen problematischen Voraussetzungen her, aber hellsichtig – die »historische Krankheit«, das »Begriffsbeben« gegeißelt, das von der Geschichtswissenschaft erregt werde und das den Menschen das Fundament aller ihrer Sicherheit und Ruhe, allen Glauben nehme.

Drittens ist zu betonen, daß die gesellschaftlichen Funktionen von Geschichte vielfältig und durch den Begriff »Identitätsbildung« sehr ungenau beschrieben sind. Zu diesen Leistungen der Geschichte für die Gegenwart gehört die Erklärung historisch bedingter Gegenwartsphänomene, um sich ihnen gegenüber angemessener verhalten zu können. Beispielsweise sind Antisemitismus, die nationale Frage, das Problem der sozialen Ungleichheit zwischen den Geschlechtern solche Gegenwartsprobleme, die man ohne Begreifen ihrer historischen Dimension gar nicht vernünftig behandeln kann. Zu den Leistungen der Geschichte für die Gegenwart gehört es weiterhin, daß man durch genaue Analyse vergangener Zusammenhänge, Erfolge, Katastrophen Kategorien gewinnt, die auch unter veränderten Konstellationen in Gegenwart und Zukunft praktische Orientierung erleichtern, Sensibilität erhöhen und gesellschaftlich-politisches Handeln indirekt anleiten. Und die Geschichte kann helfen, durch sekundäre Fremdheitserfahrungen, durch Verfremdungen Möglichkeitsbewußtsein zu erzeugen, im Lichte dessen die gegebene Wirklichkeit unter Legitimationsdruck gerät und ihre scheinbare Selbstverständlichkeit verliert. Hier, in dieser Verflüssigungsleistung, zeigt sich die Kraft der

Geschichte als Kritik – genau das Gegenteil von dem, was Stürmer, Lübbe und Marquard von ihr erwarten.

Aber Geschichte als Aufklärung wird auch von anderer Seite verfehlt. Der Literaturwissenschaftler Karl Heinz Bohrer soll als Beispiel dienen. Im *Merkur* vom Sept./Okt. 1987 versucht er, eine Position oberhalb der im sogenannten »Historikerstreit« engagierten Parteien zu beziehen, indem er beiden Seiten vorwirft, im Grunde glichen sie sich ja in ihrem eitlen Glauben an die rationale Erkennbarkeit von Geschichte und in ihrer illusionären Annahme eines Wirkungszusammenhangs zwischen Vergangenheit und Gegenwart. Dagegen stellt Bohrer die Forderung, man solle Kontingenz und Diskontinuität zum Prinzip der Beschäftigung mit Geschichte machen. Geschichte im Singular, das ist für ihn ein »bildungsbürgerliches Phantasma«. Die Historiker, so Bohrer, sollten nicht Wissen produzieren, nicht Kausalerklärungen bringen, nicht versuchen, Wichtiges von Unwichtigem zu scheiden, vielmehr sollten sie faszinieren, die Leser aus der eigenen Zeit wie auf einem Märchenteppich entführen, verzaubern und – hier der unvermeidliche, modernisierungsskeptische Gestus – an Dimensionen des Menschlichen erinnern, die in der Moderne vergessen wurden. Um der banalen Öde der Wissenschaft zu entfliehen, empfiehlt er den Historikern einen ganz anderen Blick auf die Geschichte, nämlich auf das Gewesene als etwas Fremdes. *Unzusammenhängende Notizen über »Geschichte«* ist dann der folgende Artikel desselben Heftes überschrieben, den Bohrer als vorbildlich lobt.

In diesen Worten kommt ein neuer Irrationalismus zum Ausdruck, der in wechselnden Formen derzeit gewisse Konjunktur hat. Er findet sich in einigen Varianten der Alltagsgeschichte, in der »post-modernen« Philosophie, im Versuch, die qualitative Differenz zwischen wissenschaftlicher

Geschichtsschreibung und fiktionaler Literatur zu leugnen, in der Einebnung des fundamentalen Unterschieds zwischen wissenschaftlicher und mythischer Geschichtsbetrachtung. Dieser neue Irrationalismus ist dadurch gekennzeichnet, daß er Geschichte nicht mehr als erforschbaren Zusammenhang von Ursachen, Handlungen und Wirkungen, von Vergangenheit, Gegenwart und Zukunft zu begreifen bereit ist und historische Zusammenhangserkenntnis als entweder überflüssig oder unmöglich oder langweilig denunziert. In der Konsequenz dieses Ansatzes löst man Geschichte in Geschichten auf – zurück vor 1750 –, und mit dem Ziel der Zusammenhangserkenntnis gibt man den Anspruch auf, durch Geschichte zu orientieren: Geschichten zur Unterhaltung und Imagination statt Geschichte als Aufklärung. Von der Position, die ich hier vertreten habe, erscheint dies als Regression. Bohrer mag aber recht haben, wenn er diese Auseinandersetzung um den Ort der Geschichte zwischen Aufklärung und Verzauberung letztlich für fundamentaler hält als den sogenannten »Historikerstreit«.

Jörn Rüsen (Hg.), Die Zukunft der Aufklärung, Frankfurt/Main 1988, S. 91–98. Erstdruck unter dem Titel: »Wider die historische Erinnerung, die Geborgenheit vorspiegelt. Geschichte als Aufklärung oder Geschichte als Identitätslieferantin?« in: Frankfurter Rundschau, 4. Januar 1988, S. 10.

Marx lebt!

Bei Eric Hobsbawm wird die Aufklärung weise[1]

Theoretiker aller Art umkreisen die friedlichen Herden der Historiker, während diese die üppigen Weiden ihrer Primärquellen abgrasen oder die Publikationen von Kollegen wiederkäuen.

So beschreibt Eric Hobsbawm die übliche Arbeitsteilung zwischen denen, die Geschichte erforschen und denen, die darüber theoretisieren. Er selbst hält sich jedoch nicht daran. Gehört er doch zu den wenigen Spitzen-Historikern unserer Zeit, die neben einem beeindruckenden empirischen Werk immer wieder theoretische Reflexionen über ihr Fach zu Papier gebracht haben. 21 dieser teils sehr einflußreichen, teils bisher unbekannten, durchweg anregenden Gelegenheitsarbeiten aus drei Jahrzehnten sind hier versammelt: über das Verhältnis von Historikern und Ökonomen, Sozial- und Gesellschaftsgeschichte, Parteilichkeit, Europa, Marx, die »Postmoderne im Regenwald« und anderes mehr. »On History« hieß die englische Originalausgabe. Der Titel der deutschen Ausgabe führt in die Irre.

Nachdem der Marxismus auch in der Geschichtswissenschaft so sehr an den Rand geraten ist, daß seine Renaissance immer wahrscheinlicher wird, nimmt man diesen Band mit besonderem Interesse zur Hand. Denn der 1917 geborene

1 Eric Hobsbawm, Wieviel Geschichte braucht die Zukunft. Aus dem Englischen von Udo Rennert, München 1998.

Autor bekennt sich weiterhin ausdrücklich zur marxistischen Geschichtsauffassung und führt in diesen Aufsätzen facettenreich vor, was er darunter versteht.

Als Historiker war Hobsbawm vom kommunistischen Parteimarxismus wohl immer weit entfernt. Man wird sich schwertun, in seinem Werk auch nur Spuren von Dogmatismus zu finden. Das Basis-Überbau-Schema hielt er auch früher schon für »vulgärmarxistisch«. Ökonomischer Determinismus war seine Sache nie, dafür faszinierte ihn die Kulturgeschichte viel zu sehr. Vermutlich teilte Hobsbawm auch nie den teleologischen Zukunftsoptimismus gläubiger Kommunisten.

Sein Blick auf das »extreme« 20. Jahrhundert ist überaus düster. In vier großen Schüben – Erster Weltkrieg, Weltkrise zwischen 1917/20 und 1944/47, Kalter Krieg und schließlich der »allgemeine Zusammenbruch der Zivilisation in großen Teilen der Welt seit den achtziger Jahren« – habe es der Barbarei Vorschub geleistet, »und es spricht nichts dafür, daß dieser Vormarsch zum Stehen gekommen wäre«. Wird hier nicht doch der Fortschritt in der Geschichte von Freiheit und Demokratie in den letzten Jahrzehnten eklatant unterschätzt und die Katastrophengeschichte der ersten Jahrhunderthälfte zu linear in die Zweite verlängert?

Ein Stück Marx lebt in Hobsbawms Programm der »history of society« weiter, das er um 1970 präzisiert hat. Sozialgeschichte sollte nicht nur die Beschäftigung mit einem Teilbereich der Vergangenheit sein, sondern ein augenöffnender Blickwinkel auf die historische Wirklichkeit überhaupt. Geschichte als Gesellschaftsgeschichte, Geschichtswissenschaft als historische Sozialwissenschaft – damit gewann Hobsbawm auch Einfluß in Deutschland. Er hat das Programm in vier vielgelesenen Büchern, meisterhaften Synthesen zur Geschichte der letzten zwei Jahrhunderte, auf seine Art eingelöst.

Heute mag er dem Ansatz ferner stehen und seine Defizite besser erkennen. »Mit verlegenem Erstaunen« registriert er rückblickend, daß er geschlechtergeschichtlich geradezu blind gewesen ist. Aber die Überzeugung von der großen Bedeutung ökonomischer und sozialer Strukturen bestimmt Hobsbawms historisches Denken weiterhin. Das Interesse an Ungleichheit, Protest und Konflikt ist für ihn weiter zentral. Kümmern müsse man sich vor allem um die »einfachen Menschen, die nicht überdurchschnittlich intelligent oder interessant sind (es sei denn, wir verlieben uns in einen von ihnen), nicht übermäßig gebildet, erfolgreich oder für den Erfolg bestimmt – kurzum um Menschen, die nichts Besonderes sind. Jede lebenswerte Gesellschaft ist auf sie zugeschnitten, nicht auf die Reichen, die Cleveren, die Ausnahmeerscheinungen, auch wenn jede Gesellschaft, die lebenswert ist, Platz und Raum für solche Minderheiten vorsehen muß.« Man sieht, Methode und Moral hängen zusammen, auch bei der Begründung von Sozialgeschichte.

»Die Geschichte ist der Rohstoff für nationalistische oder völkische oder fundamentalistische Ideologien, so wie Mohnpflanzen den Rohstoff für die Heroinsucht enthalten. Wenn es keine passende Vergangenheit gibt, läßt sie sich stets erfinden.« Dieses Phänomen treibt Hobsbawm um. Er illustriert es an Beispielen weltweit, am Nationalismus in Makedonien und Irland, an den Anachronismen nationaler Mythen auf dem indischen Subkontinent, wie an Legenden über die englische Magna Charta, an der Geschichte Deutschlands und der Gegenwart Israels.

Daraus ergibt sich für ihn die politische Verantwortung der Historiker. Die Entzauberung politischer und sozialer Mythen, die Kritik am Mißbrauch historischer Imaginationen ist ihre Pflicht. »Identitätsgeschichte ist nicht genug.« Hobsbawm bestimmt den Beruf der Historiker primär als

Kritik, zeigt aber auch, warum die Historiker als Mythen-zerstörer so wenig Erfolge haben. Anspruchsvoll und bescheiden zugleich ist sein aufklärerisches Plädoyer, luzide und sehr überzeugend.

1969 zog er daraus noch eine positivismuskritische Konsequenz. Weil sie sich auf Tatsachen fixiere, sei Geschichte eine rückständige Disziplin. Der Hobsbawm der 90er Jahre beschwört dagegen den Primat der Quellenbelege als Fundament der Geschichtswissenschaft, die Verantwortung der Historiker gegenüber den historischen Tatsachen, die Tragfähigkeit ihrer Methoden, um auf einer elementaren Ebene zwischen Fakt und Fiktion zu unterscheiden. »Die Geschichte mag eine phantasievolle Wissenschaft sein, aber sie arbeitet mit objets trouvés, sie erfindet sie nicht.« Die Kritik am Positivismus tritt nun weit hinter der Verteidigung gegen den relativistischen Postmodernismus zurück: Aufklärung in der methodischen Defensive, marxistische Orientierung in Übereinstimmung mit den Konventionen der Zunft.

Dies ist ein sehr grundsätzliches und deshalb auch ein sehr persönliches Buch. Der in Alexandria geborene Engländer Hobsbawm, der das Deutsche mit ausgeprägtem Wiener Akzent spricht, reflektierte seine jüdisch-mitteleuropäischen Wurzeln, als er vor den Studenten der Budapester Soros-Universität auftrat. »Ich komme zu Ihnen als ein Außenseiter, der gleichzeitig auf eine versteckte Art Insider ist.« Mitteleuropa ist für Hobsbawm das klassische Beispiel für ein in Geographie gekleidetes politisches Programm, zugleich ein historisches Schicksal, das er mit viel Sympathie, Verständnis und Skepsis umkreist.

Über die »merkwürdige Geschichte Europas« handelt ein anderer Essay, der hier erstmals gedruckt wird und zu den brillantesten des Bandes gehört. Man spürt, wie sehr diese historischen Reflexionen in der Bildungs- und Erfahrungswelt eines weitgereisten, international versierten Autors wurzeln, der in vielen Sprachen schreibt, mehreren Nationalkulturen zugleich angehört und kosmopolitischer Europäer ist.

Noch das Plädoyer für Universalismus und historische Zusammenhangserkenntnis, mit dem das Buch schließt, wird durch persönliche Erfahrung beglaubigt. »Eine Geschichte, die nur auf Juden zugeschnitten ist (oder Afro-Amerikaner oder Griechen oder Frauen oder Proletarier oder Homosexuelle) kann keine gute Geschichte sein, auch wenn sie für diejenigen, die sie betreiben, eine tröstliche Geschichte sein kann.«

Geschichte als Aufklärung, dafür bricht dieses Buch eine Lanze. Doch es ist eine Aufklärung, die skeptisch und weise geworden ist, funkelnd und unterhaltsam, jederzeit für Selbstunterminierungen und Überraschungen gut. Wenn das marxistische Geschichtsauffassung ist, dann gibt es von ihr zu wenig.

Die Welt, 5. Dezember 1998, S. 14.

Nur keinen neuen Sonderweg

Jedes Stück Entwestlichung wäre als Preis
für die deutsche Einheit zu hoch

Das neue Deutschland steht historisch in mehreren
Kontinuitäten. Die Geschichte der DDR gehört
ebenso zu seinem Erbe wie die Geschichte der Bundesrepublik, dazu zählt auch die Erinnerung an die Katastrophen
der Nazi-Zeit wie überhaupt die lange deutsche Geschichte
davor. Überdies ist unsere Geschichte Teil der europäischen
und darüber hinaus der westlichen Zivilisationsgeschichte.
Daß man in mehreren Kontinuitäten steht, ist normal und
Bedingung von Freiheit. Wir können uns die Erbschaften
auch keineswegs aussuchen. Aber man muß für die Zukunft
sich entschieden in die eine oder andere Kontinuitätslinie
stellen und gegenüber den übrigen auf Distanz gehen, ohne
sie zu verleugnen oder zu vergessen. Ich plädiere dafür, das
vereinigte Deutschland konsequent in der Kontinuität der
Bundesrepublik zu verankern. Der tiefe Umbruch von
1989/90 darf die Zäsur der Jahre um 1945 nicht relativieren.
Vielmehr sollte und kann er sie besiegeln.

Der Einschnitt vor und nach 1945 ging tiefer als die Einschnitte um 1933, 1918/19, 1870/71 oder 1848. Die nationalsozialistische Diktatur ging in den Schrecken des von ihr
angezettelten Weltkriegs zugrunde. Ihre Verbrechen wurden
offenbar, und die Erinnerung an sie gibt der deutschen Geschichte seitdem eine andere Qualität. Der 1870/71 gegrün-
dete Nationalstaat zerbrach. Preußen wurde aufgelöst. Der

deutsch besiedelte Raum schrumpfte erheblich. Millionen von Flüchtlingen und Vertriebenen veränderten die Milieus, in die sie einströmten.

Vor allem aber endete – für das westliche Deutschland –, was Historiker seit den dreißiger Jahren als den »deutschen Sonderweg« bezeichnet und kritisiert haben. Die sozialen Strukturen und Mentalitäten, durch die sich die Deutschen von den Westeuropäern unterschieden und die zum Sieg des Nationalsozialismus beigetragen hatten, überlebten die Zäsur um 1945 nicht oder nur stark geschwächt. Mit dem Verlust der Ostgebiete und der Enteignung östlich der Elbe hörten die Großgrundbesitzer – die Junker – als Klasse auf zu bestehen. Nationalismus und Militarismus verloren ihre Kraft. Erstmals entstand in Deutschland ein wirklich funktionierender parlamentarisch-demokratischer Verfassungsstaat. Erstmals wurde er von weiten Bevölkerungskreisen akzeptiert, auch von den Führungsschichten. Ein neues Parteiensystem entstand, das nicht mehr durch die konfessionelle Spannung geprägt war. Auch die Gewerkschaften wurden nach 1945 anders aufgebaut, als sie vor der Zerschlagung durch die NS-Diktatur existiert hatten. Allmählich entstand im westlichen Deutschland eine demokratische politische Kultur, die ehemals starken Traditionen der Illiberalität schwächten sich ab. Der Einfluß der Besatzungsmächte half, das Wachstum der folgenden Jahre erst recht.

Ein relativ normales Land

Es gab zwar auch viele Kontinuitäten und weiterhin deutsche Besonderheiten. So überlebte – zum Glück – der Föderalismus. Der Beamtenstaat widerstand einer Reform, wie sie vor allem die Anglo-Amerikaner gefordert hatten. Obwohl sich die Deutschen von der nationalsozialistischen Zeit viel weniger radikal absetzten, als man es sich gewünscht hätte, wurde aus der Bundesrepublik Deutschland nach Verfassung, Gesellschaftsstruktur, Wirtschaftsform und Kultur, ein relativ normales Land westlichen Musters, mit dessen typischen Vorzügen und Problemen. Auch aufgrund seiner politischen, ökonomischen, militärischen und kulturellen Verflechtungen gehörte der größte Teil Deutschlands nunmehr eindeutig zum Westen. Der »Sonderweg«, der die deutsche Geschichte im 19. und 20. Jahrhundert vom Entwicklungspfad der westlichen Demokratie weggeführt hatte und in die Katastrophe des Nationalsozialismus gemündet war, war – so schien es – glücklicherweise am Ende.

Mit drei Einschränkungen: All dies traf nur auf den größeren – westlichen – Teil Deutschlands zu, nicht auf den kleineren östlichen; der Verlust des Nationalstaats, die Existenz zweier deutscher Staaten, die fehlende Kongruenz von politischer Organisation und nationaler Erstreckung, blieb eine deutsche Besonderheit, deren langfristige Bedeutung nicht abzusehen war; und schließlich lastete auf allem die »Vergangenheit, die nicht verging«, eine Geschichte, zu der Faschismus, Diktatur und staatlich betriebener Massenmord gehörten. Die Erinnerung daran ließ sich nicht verdrängen; deshalb unterschied sich die Bundesrepublik von anderen westlichen Staaten. Um die Anerkennung und Einordnung dieses Erbes ging es im »Historikerstreit« von 1987/88.

Man hat es für richtig gehalten, die Bundesrepublik rückblickend als rheinisch-separatistischen Halbstaat abzuqualifizieren, der sich, von westlichen Besatzungsarmeen gestiftet, ohne tragfähige Identität, ohne richtige Hauptstadt und von zentrifugalen Tendenzen zerklüftet, nun glücklicherweise in ein neues Gesamtdeutschland, einen zentraleuropäischen

Staat mit historisch begründetem Eigenweg auflöse (so Friedrich Dieckmann und Karl Heinz Bohrer kürzlich im *Merkur*). Christian Meier spricht davon, daß die postnationale Orientierung der Bundesrepublik ihre Lebenslüge ausgemacht habe, und befürchtet, daß wir jetzt, geprägt von den bequemen Erfahrungen mit dem westlichen Teilstaat, zu einer »Nation wider Willen« werden. Andere wollen das Grundgesetz durch eine neue, demokratischere und sozialere Verfassung ersetzen, die zugleich dokumentieren soll, daß das neue Gesamtdeutschland keine bloße Fortsetzung der alten Bundesrepublik darstellt.

Zu solchen Absetzungsbewegungen von der Bundesrepublik und ihrer Tradition besteht aber kein Anlaß. Was im vergangenen Jahr in Deutschland geschehen ist, war nicht zuletzt eine Folge der – nicht nur ökonomischen – Leistungs- und Anziehungskraft der Bundesrepublik. Es könnte sein, daß die unbestreitbare Leistungskraft der Bundesrepublik, ihre Mischung aus Effizienz, Demokratie und Liberalität, ihr Verzicht auf machtpolitische Großmannssucht, ihre sozialen Errungenschaften und ihre Verankerung in der Zustimmung einer sehr großen Bevölkerungsmehrheit gerade mit dem zusammenhingen, was Bohrer, Meier und andere als ihr angebliches Identitätsdefizit ausmachen wollen, nämlich mit ihrem postnationalen Charakter. »Vielleicht wissen wir noch gar nicht, was uns gefehlt hat«, meint Meier. Das ist mir zu luftig, zu spielerisch. Im Licht unserer Geschichte und im nüchternen Vergleich kann man jedenfalls wissen, was man gehabt hat – und was man verlieren kann.

Der Mangel an nationaler Begeisterung kann insofern nicht überraschen. Statt dessen stellt sich die Frage: Weshalb stieß die Vereinigung auf so große Zustimmung, warum hat sie sich so selbstverständlich durchgesetzt?

Die Vereinigungsdynamik kam vor allem aus der DDR und resultierte aus dem Zusammenbruch der Selbstanerkennung des DDR-Staatsvolkes. Dahinter steckten das Versagen des diktatorischen Staatssozialismus im Systemwettbewerb und der gleichzeitige Mangel an jeder überzeugenden Perspektive eines dritten Wegs zwischen Staatssozialismus und Marktwirtschaft. Damit aber war der Fortexistenz eines selbständigen ostdeutschen Staates die Grundlage entzogen, sobald die diktatorischen Machtverhältnisse und die außenpolitischen Bedingungen sie nicht mehr erzwangen.

Die nationale Bewegung, in die die DDR-Revolution seit November 1989 überging, war im Kern eine verständliche Bewegung für den Abbau ökonomischer und sozialer Ungleichheit: ein sehr verständliches Motiv, ein rationales Kalkül, das mittelfristig auch aufgehen wird. Viel schwerer ist zu erklären, warum dieses Vereinigungsbegehren unter den Westdeutschen nicht auf mehr Skepsis stieß, sondern von der politischen Klasse der Bundesrepublik mit wenigen Ausnahmen gestützt und verstärkt wurde.

Sicherlich spielten die grundgesetzlichen Festlegungen eine Rolle. Ein wenig war man wohl auch in der eigenen Nationalrhetorik befangen, die man verbreitet hatte, ohne ihre Einlösung erwarten zu können oder zu müssen. Auch an machtstaatlichem Ehrgeiz dürfte es nicht ganz gefehlt haben. Ins Gewicht fiel sicherlich auch, daß erstmals seit mehr als hundert Jahren in Deutschland wieder eine – vermutlich vorübergehende – Situation bestand, in der man besten Gewissens national und demokratisch-liberal zugleich argumentieren und die Vereinigung auch als Mittel zur Herstellung demokratisch-parlamentarischer, rechtsstaatlicher Verhältnisse in der DDR wünschen konnte.

Letztlich dokumentiert die im Grundsatz breit akzeptierte westdeutsche Vereinigungspolitik des Jahres 1990, daß auch in der westdeutschen Bevölkerung nationale Loyalitäten und Identitäten fortwirken, die Politik legitimieren können, ohne selbst der expliziten Legitimation zu bedürfen. *Wie* tragfähig sie sind, wird sich in den nächsten Monaten und Jahren allerdings noch herausstellen müssen. Sie sind leicht zu überfordern und konkurrieren zum Glück mit anderen Bedingungen und Interessen.

Müssen wir deshalb neuerlich das Abdriften der Deutschen auf einen Sonderweg befürchten? Zwar war unsere Zukunft in der Nachkriegszeit noch nie so offen. Trotzdem halte ich folgendes für wahrscheinlich:

Erstens: Mit der Vereinigung ist die Ostgrenze Deutschlands an Oder und Neiße – und damit eine faktische Entscheidung von 1945 – definitiv besiegelt worden. Das neu entstehende Gesamtdeutschland unterscheidet sich von dem früheren Deutschen Reich nicht zuletzt in seiner Erstreckung nach Osten. Das neue Deutschland ist keine Wiederherstellung des alten.

Zweitens: Zweifellos wird die Vereinigung sozial-ökonomisch, verfassungspolitisch und kulturell keine Restauration der Verhältnisse vor dem Zweiten Weltkrieg mit sich bringen, insofern also keine Rückkehr zum alten deutschen Sonderweg.

Drittens: Der Nationalstaat stellt offensichtlich weiterhin die Normalform politischer Organisation europäischer Gesellschaften dar. Die Vereinigung der beiden deutschen Staaten, die in gewissem Sinn postnationale Gemeinwesen darstellten, treibt die Entwicklung zu einer künftigen Ordnung jenseits der Nationalstaaten nicht voran. Aber sie begründet als solche auch keinen deutschen Sonderweg, sondern bedeutet den Anschluß der deutschen Entwicklung an die europäische Normalität. Noch bleiben große Unsicherheiten. In unserem Teil der Welt ist es noch nie recht gelungen, Frieden, Freiheit und nationalstaatliche Einheit längere Zeit auf einen Nenner zu bringen. Wie werden die Deutschen mit ihrer neuen Großmachtrolle zurechtkommen? Wie verarbeitet Europa die neu gewonnene Größe, Kraft und Souveränität der Deutschen? Wie stabil ist die Wiedergeburt der nationalstaatlichen Ordnung Mittel- und Osteuropas?

Viertens: Das künftige Gesamtdeutschland wird sich aber nicht nur nach Größe und Erstreckung, sondern auch nach Struktur und Qualität von der Bundesrepublik unterscheiden. Was wird die DDR in die Verbindung einbringen? Sensibilität für soziale Belange, Übung in nichtmarktförmigen Beziehungen, ihren Antifaschismus, Bescheidenheit, Geduld, Qualifikationen und Motivation, dazu das Bewußtsein, eine Volksbewegung zu beträchtlichem Erfolg geführt zu haben? All das wäre nicht wenig. Andererseits wird der entstehende Gesamtstaat mit den Problemen der sich auflösenden DDR belastet: wirtschaftliche und soziale Übergangsschwierigkeiten größten Ausmaßes und daraus entstehende Protestpotentiale; die giftige Erblast einer Jahrzehnte dauernden Diktatur, die in personellen Kontinuitäten ebenso weiterlebt wie in den Eigenarten der politischen Kultur; einen empfindlichen Mangel an Liberalität, die in der Bundesrepublik langsam gewachsen und selbst hier noch gefährdet ist; dafür Erfahrungen der Niederlage, der Demütigung vielleicht; gebrochene Identitäten und ungelöste Probleme der »Vergangenheitsbewältigung«. Wie wird es dem neuen Gesamtdeutschland gelingen, diese Schwierigkeiten zu absorbieren, ohne an ihnen Schaden zu nehmen?

Loslösung vom Westen?

Anders als die Bundesrepublik wird das neue Deutschland die Kernlande des alten Sonderwegs umfassen und nicht wie die Bundesrepublik im wesentlichen auf das Gebiet des rheinbündischen Deutschlands beschränkt sein. Es wird aus einer anderen Mischung regionaler Kulturen bestehen. Das langsamere Wirtschaftswachstum, der erzwungene Verzicht auf die Öffnung nach Westen, die Fortdauer des Mangels und der Diktatur haben dazu geführt, daß die DDR deutscher geblieben ist als die Bundesrepublik, weniger weltläufig, zumal sie sich aus erklärlichen Gründen viel weniger von ihren östlichen Nachbarn beeinflussen ließ als die Bundesrepublik vom Westen.

Wird also die Vereinigung die Balance ändern und die innere Zugehörigkeit Deutschlands zum Westen – verglichen mit der Westorientierung der Bundesrepublik – relativieren? Wird sie also doch einen Schritt auf einen deutschen Sonderweg zwischen Ost und West bedeuten, wenn natürlich auch in aktualisierter Form?

Manches Gerede von der angeblichen Brückenfunktion der Deutschen zwischen Ost und West läßt aufhorchen. Wir sollten uns nicht übernehmen. Für Berlin als Hauptstadt spricht vieles, aber je mehr die Entscheidung eine grundsätzliche Verschiebung des ganzen Koordinatenkreuzes von West nach Ost und die betonte Absetzung des neuen Deutschland von der bisherigen Bundesrepublik symbolisieren soll, desto mehr Mißtrauen muß sie hervorrufen.

Zweifellos ist vieles an der Bundesrepublik ungerecht und dringend der Veränderung bedürftig: die riesigen Ungleichheiten, das schwierige Verhältnis zur Dritten Welt, die ökologischen Probleme, neureiche Stillosigkeit, Ellbogenmentalität, Sinndefizite. Allerdings ist nicht zu sehen, wie die Übernahme von DDR-Errungenschaften oder gar der Rückgriff auf ältere deutsche Traditionen bei der Lösung helfen könnten. Überhaupt ist dies keine Zeit für radikale Reformen. Man muß froh sein, wenn man die un-

vermeidlichen Turbulenzen der Vereinigungskrise über-
steht, ohne hinter den erreichten Stand der Entwicklung
zurückzufallen.

Das gilt besonders in der Frage der Verfassung. Wer die
demokratischen Verfassungsgrundsätze und die Prinzipien
westlicher Zivilisation für wichtiger hält als die Zugehörigkeit zu einer Nation, wird sich dagegen wehren, daß die
Grundlagen dieser Republik zur Disposition gestellt werden
sollen, nur weil sich die nationale Konstellation verändert
hat. Wir brauchen keinen neuen Parlamentarischen Rat. Für
notwendige Verfassungsänderungen hält das Grundgesetz
selbst die angemessenen Verfahren bereit.

Bezahlen muß die DDR

Man kann Tempo und Art der Vereinigung kritisieren, mit
gutem Grund. Sie führt zumindest im Augenblick zu hohen
Kosten, die vor allem von den Bewohnern der DDR bezahlt
werden: Entwurzelung, Abstieg, Unsicherheit, neue Unter-
ordnung und Desorientierung. Zu den Wunden, die die
letzten Jahrzehnte schlugen, kommen neue Verletzungen. Es
wird lange dauern, sie auszuheilen. Aber richtig ist doch –
und auch von großen Mehrheiten in der DDR so gewollt –,
daß die Vereinigung vor allem zu westlichen Bedingungen
erfolgt: auf der Basis des im wesentlichen unveränderten
Grundgesetzes, nach bundesrepublikanischem Muster, bei
gleichzeitig verstärkter Einbindung Deutschlands in den
schrittweise zu erweiternden Zusammenhang der EG, ohne
jeden Flirt mit militärpolitischer Neutralität.

Jedes Stück Entwestlichung wäre als Preis für die Vereinigung zu hoch. Im Licht der Erinnerung an den deutschen
Sonderweg, seine katastrophalen Folgen und sein kostenrei-

ches Ende um 1945 ist klar: Die Vereinigung geschieht zu Recht als Integration der DDR in die Bundesrepublik, nicht als Kompromiß zwischen Westen und Osten, nicht als Zusammenwachsen auf mittlerem Grund.

Das neue Deutschland wird dennoch nicht bloß eine neue Bundesrepublik sein. Neue Erfahrungen und neue Traditionslinien kommen hinzu, Belastungen vor allem, vielleicht auch Chancen. Zu unserer Geschichte – und nicht zur Vergangenheit von nur sechzehn Millionen – gehören nun auch die vier Jahrzehnte der DDR. Wir werden lernen müssen, damit zu leben. Die politische Kultur und das politische Spektrum des neuen Deutschland werden weiter, vielfältiger und spannungsreicher sein als die Kultur und das Spektrum der Bundesrepublik. Dies anzuerkennen und sich selbst entsprechend zu ändern, gehört zu den Grundprinzipien des pluralistisch-demokratischen Systems, dessen friedliche Ausdehnung auf den bisher diktatorisch regierten Teil Deutschlands historisch viel wichtiger ist als die Wiederherstellung des deutschen Nationalstaats als solche.

Nicht das Zusammenwachsen zu irgendeiner neuen national-deutschen Identität mit überraschenden Inhalten und neuen Strukturen ist die Aufgabe der nächsten Zukunft, sondern die möglichst taktvolle Übertragung des – entwicklungsfähigen und entwicklungsbedürftigen – bundesrepublikanischen Modells auf den Bereich der ehemaligen DDR. Die Vereinigung als Mittel zur Demokratisierung und Verwestlichung der DDR – das ergibt einen Sinn und definiert eine Aufgabe, die uns noch lange beschäftigen wird.

DIE ZEIT, 19. *Oktober* 1990, *S.* 11. *Auch abgedruckt in: Udo Wengst (Hg.), Historiker betrachten Deutschland. Beiträge zum Vereinigungsprozeß und zur Hauptstadtdiskussion (Februar* 1990 *– Juni* 1991*), Bonn/Berlin* 1992, *S.* 184–192.

Zwischen Friedrichshain und Paulskirche

Am 18. März 1898 kam es im Berliner Reichstag zu einer heftigen Debatte. Man stritt um die Militärstrafgerichtsordnung. August Bebel sprach sich vehement gegen ein Sonderrecht für Offiziere aus. Er sah darin ein Überbleibsel der feudalen Ordnung und erwähnte, wie beiläufig, aber in Wahrheit scharf kalkuliert, daß vor genau fünfzig Jahren in Berlin »der große Kampf« entbrannt sei, in dem das Volk nicht nur um seine Freiheit, sondern auch um seine bürgerliche Gleichheit stritt – schon damals gegen das preußische Junkertum und das von ihm vertretene System. Und, fügte Bebel provozierend hinzu, »das deutsche Bürgertum ist [so] tief gesunken, daß es nicht den Mut besitzt, gegenüber der Anmaßung gewisser Gesellschaftsschichten sein Recht und seine Freiheit zu wahren«.

Daraufhin verlief die Debatte auf zwei Ebenen. Ein Redner nach dem anderen unterbrach seine Ausführungen zur Militärstrafgerichtsbarkeit, um zur fünfzig Jahre zurückliegenden Revolution Stellung zu nehmen, der offiziell überhaupt nicht gedacht werden sollte. Der Kriegsminister von Goßler sah in den damaligen Ereignissen »eins der traurigsten Blätter in der preußischen Geschichte«. Der konservative Abgeordnete von Puttkamer erklärte, die Revolution von 1848 sei »hauptsächlich von ausländischem Gesindel angezettelt worden, welches unser gutes treues Volk verführt hat, die Waffen gegen seinen König zu heben«. Er meinte Franzosen und Polen. Der freikonservative Freiherr v.

Stumm-Halberg konnte »über die damaligen Straßenkämpfe, über die sog. Märzrevolution nur ein Gefühl der tiefsten Scham empfinden«. Zwischendurch machte Liebermann v. Sonnenberg, Abgeordneter der antisemitischen Partei, die Juden für die Revolution verantwortlich.

Zwei linksliberale Abgeordnete widersprachen den konservativen Thesen und verteidigten die Revolution. Sie habe in Preußen die konstitutionelle Ära eingeleitet, und ohne diese wäre es später nicht zur Geburt des Deutschen Reichs gekommen. Sie sahen den 18. März als einen »Tag der Trauer an, denn es war ein Tag des Blutvergießens«, zugleich aber als einen »Gedenktag für Deutschland und für Preußen, an den man mit Erhebung zurückdenken muß«.

Bebel behauptete, daß eine erfolgreiche Nationalstaatsbildung im Sinne der 48er Revolution Bismarck und seine Reichsgründung unnötig gemacht hätte, und damit auch den Deutsch-Französischen Krieg von 1870/71. Der Nationalliberale v. Bennigsen widersprach. Auch wenn die »bürgerliche Klasse« statt der Fürsten das Regiment übernommen hätte, wäre das Verhältnis zwischen den Völkern nicht friedlicher, nicht brüderlicher geworden. »Der große Kampf gegen Frankreich ... war absolut erforderlich.« Im übrigen habe sich der 18. März mit seinen Straßenkämpfen für das Ziel eines starken, einheitlichen Nationalstaats nur »verhängnisvoll und störend« ausgewirkt. Er und seine Freunde bauten dagegen auf der Erinnerung an das Frankfurter Parlament, das, »zusammengesetzt aus den besten Kräften der ganzen Nation, den ersten ernsthaften Versuch gemacht hat, die Umgestaltung von Deutschland herbeizuführen«.

Die Debatte nahm an Härte und Schärfe zu – »Jahr der Schande« und »arge Verirrung« hieß es rechts, von einer metzelnden »Soldateska« und dem König als »Verräter« sprach man auf der Linken. Persönliche Angriffe folgten. Der amtierende Präsident bremste vergeblich. Das *Berliner Tageblatt* schrieb am nächsten Tag von Szenen, »die zu den erregtesten bisher im Reichstage erlebten gehören«.

Warum? Zum Teil verteidigten die Abgeordneten ihre eigene Jugend, in der sie die Revolution selbst miterlebt hatten, in unterschiedlicher Position. Sie setzten die damaligen Kämpfe fort oder rechtfertigten ihren Gesinnungswandel. Doch die Erregung hatte auch allgemeinere Gründe. Im Streit über 1848 ging es um Gewalt und ihre historische Deutung, um den Sinn von Opfern und ihre Vergeblichkeit, um Krieg und Verfassung, Moral und Politik. Es ging um die Frage, ob es zu diesem Kaiserreich eine bessere Alternative gegeben hätte. Man konfrontierte monarchische Legitimität und Volkssouveränität. Deren Verhältnis blieb in der konstitutionellen Monarchie des Kaiserreichs in der Schwebe. Trotz der neuen Wende, die Bismarck der deutschen Geschichte gegeben hatte, wirkten die Fronten von 1848/49, wenngleich modifiziert, weiter. In diesem Streit spiegelten sich innere Konflikte des Kaiserreichs.

Die Erinnerung an die Revolution gehörte nicht zu den Gründungsmythen des Reichs. Anders als die Befreiungskriege von 1813 und die Einigungskriege von 1864 bis 1871 wurde die 48er Revolution nicht benutzt, um ihm historische Legitimität zu verschaffen. Im Gegenteil, die Erinnerung an 1848 hätte gestört, sie wurde im Kaiserreich marginalisiert, verdrängt. Trat sie öffentlich dennoch hervor, wie im geschilderten Fall, erwies sie sich als hochgradig politisiert, kontrovers und zudem fragmentiert. Denn die einen gedachten vor allem der Volksbewegung – wie die Sozialdemokraten regelmäßig am 18. März im Friedrichshain, wo 256 der über 300 Berliner »Märzgefallenen« 1848 feierlich beigesetzt worden waren und wo man überdies, ebenfalls immer am 18. März, des Aufstands der Pariser Kommune gedachte.

Viele Liberale zogen dagegen die Paulskirche als Ort der Erinnerung vor. Für die meisten galt weder das eine noch das andere.

Auch die offizielle Gedenkfeier der Weimarer Republik fand 1923 in Frankfurt statt, während die Linke lieber im Berliner Friedrichshain feierte, wo man Ende 1918 auch Opfer der Novemberrevolution beigesetzt hatte. Erst recht blieben nach dem Zweiten Weltkrieg Paulskirche und Friedrichshain konkurrierende Gedenkstätten, für Bundesrepublik und DDR. Mittlerweile hat die Erinnerung an die 48er Revolution aufgehört, ein Streitpunkt zwischen den Parteien zu sein. Am 18. Mai wird der Hauptfestakt wiederum am Main stattfinden. Die Gedenkfeiern im Friedrichshain am 18. März dagegen blieben bescheiden. Doch nur wenn man diese beiden Erinnerungsorte zusammensieht, versteht man 1848/49 richtig.

Es ist problematisch, die Revolution von 1848 als »bürgerliche« zu etikettieren, wie es häufig geschieht. Nach der sozialen Herkunft der Akteure, nach Zielen und Verlauf bestand auch die deutsche Revolution von 1848 gewissermaßen aus mehreren Revolutionen, zumindest aber aus zwei.

Zum einen war da die teils liberale, teils demokratische Bürgerbewegung, die sich in der rasch ausbreitenden bürgerlichen Öffentlichkeit etablierte, auf dem rasant wachsenden Zeitungsmarkt, in den sich an Zahl multiplizierenden Vereinen, dann vor allem parlamentarisch, in der Paulskirche zumal, mit Einfluß in den gemäßigt liberalen Märzregierungen, die meist bis zum Sommer amtierten und danach schrittweise an Boden verloren. Die liberalen und demokratischen Bürger, oft akademisch gebildet bis intellektuell, mit starker Unterstützung vom damals noch sehr liberalen Wirtschaftsbürgertum und aus anderen sozialen Gruppen, machten Front gegen bürokratische Gängelung und Zensur, gegen feudale Privilegien und ständische Ungleichheit. Sie setzten sich für das Menschen- und Bürgerrecht, für freiheitliche Verfassung, parlamentarische Institutionen und für den Nationalstaat ein sowie – das variierte nun – für mehr oder weniger ausgeprägte Teilhabe des Volkes, über Wahlen, Bildung und soziale Rechte. Die Auseinandersetzungen zwischen konstitutioneller Monarchie und Republik, zwischen liberal und radikal, zwischen großdeutsch und kleindeutsch fanden hauptsächlich innerhalb dieser Bewegung statt.

Zum andern war da – stark vereinfacht – die Volksbewegung. Auch damals gab es kein homogenes Volk, sondern sehr unterschiedliche Unterschichtgruppen, die oft wenig miteinander zu tun hatten. Entsprechend heterogen stellte sich die revolutionstragende Volksbewegung dar, von der rasch wachsenden Handwerker- und Arbeiterbewegung (zunehmend in Vereinen organisiert) über die vor- oder subproletarische Protest- und Tumultbewegung auf den Straßen der Städte bis zur machtvollen, aber kurzlebigen, in vielem noch antifeudalen bäuerlichen Aufstandsbewegung in den Dörfern. Vor allem außerhalb der in Vereinen organisierten Handwerker- und Arbeiterschaft war der bürgerliche Einfluß gering.

Um *Freiheit* ging es zwar auch in der Volksbewegung, aber der Begriff bedeutete hier anderes als im Bürgertum. Dort war er auf Verfassung, auf Gedanken, Sprache und Schrift, auf politische Organisation, auf die einzelnen gemünzt, hier dagegen oft kommunitaristisch getönt, auf gemeinsame Freiheit, auf Brüderlichkeit (und Schwesterlichkeit) hin orientiert und ständisch differenziert, meist auch in geringerem Gegensatz zur Obrigkeit. Dort, im Bürgertum, mochte Freiheit auf Wirtschaft bezogen sein, im Sinne von Selbständigkeit und Marktwirtschaft, hier, im Volk, dagegen auf *Arbeit*, oft mit antimarktwirtschaftlicher, antikapitalistischer Spitze, orientiert an älteren Normen der Auskömmlichkeit, der Ehrbarkeit, der gemeinschaftlichen Nutzung, der *moral economy*, die noch keine Trennung zwischen Arbeit und Soziabilität, zwischen Wirtschaft, Moral und Politik akzeptierte.

Viele, sehr viele Forderungen der Volksbewegung betrafen die Arbeit und alles, was damit zusammenhängt: vor allem natürlich, bis in die Sprache und Benennung hinein, bei der »Arbeiterverbrüderung«, der ersten Massenorganisation der deutschen Arbeiterbewegung, die 1848 entstand. Aber letztlich ging es auch in den Forderungen der Bauern und anderen Dörfler um Arbeit, nämlich um die Befreiung der Arbeit und ihrer Ergebnisse von grund- und landesherrlichen Diensten und Abgaben. Und in den Hungertumulten und Straßenprotesten dieser Jahre stand nicht selten das Recht auf Arbeit im Mittelpunkt, dessen Gewährleistung man nicht vom Markt, sondern von der Obrigkeit einforderte.

Natürlich gab es Brücken zwischen diesen Milieus: gegenseitige Beeinflussungen, Verflechtungen, Überschneidungen, aber im übrigen kann man sich die kulturelle, mentale und revolutionspraktische Differenz zwischen Bürgerbewegung und Teilen der Volksbewegung gar nicht dramatisch genug vorstellen. Es handelte sich nicht nur um sozialökonomische Interessenunterschiede, Klasseninteressen, zwischen Bourgeoisie und Proletariat, die wichtig genug waren und die Revolutionäre in wirtschaftlichen und sozialen Fragen sehr bald trennten. Es handelte sich vielmehr auch um Unterschiede der Lebensführung und des Politikverständnisses.

Kürzlich hat Charlotte Tacke die Feste der Revolution in Baden und in der Toskana studiert. Bürger und Volk feierten häufig zusammen, auf gemeinsamen Festzügen, auf großen Festversammlungen, rund um die rasch errichteten Freiheitsbäume. Schwarzrotgoldene Farben prangten schicht-übergreifend. Jedoch wurden, das zeigt der genaue Blick, Ritual und Symbolik in der traditionellen und in der bürgerlichen Festkultur jeweils ganz gegensätzlich »gefüllt«. Die jungen Burschen der städtischen oder ländlichen Unterschichten feierten abends oder nachts, die Bürger in der Regel tagsüber, es sei denn im Fackelzug. Jene sangen »geräuschvoll«, störten die Ruhe, schrien und lärmten, diese sangen harmonische Lieder, defilierten hinter Musikgruppen oder verhielten sich ruhig. Jene schossen mit Pistolen um sich, diese setzten wohldosiert an der richtigen Stelle Kanonenschüsse ein. Die Burschen rügten und tadelten, die Bürger sprachen Toasts auf verdienstvolle Männer. Jene veranstalteten Katzenmusiken, diese gaben Ehren-Ständchen. Die Burschen provozierten durch spontane Unordnung, Lärm und Sachbeschädigung, die Bürger setzten alles auf die Ordnung ihres Festes. Bei bürgerlichen Festen dienten die Damen wohlgekleidet als Schmuck und Symbol der Ordnung, bei politischen Festen hatten sie nichts zu suchen. Dagegen wirkten Frauen der Unterschicht an den volkstümlichen Aktionen der »Straßenpolitik« kräftig mit. Die bürgerliche Kultur akzeptierte das Gewaltmonopol des Staates im Prinzip, »kleine Gewalt« war dagegen im plebejischen Alltag nicht selten.

Die damalige Gesellschaft zeigt sich hochgradig fragmentiert, die kulturelle Distanz ausgeprägt. Das war der Hintergrund für die mißtrauische Fremdheit der Volksbewegungen gegenüber der parlamentarischen Arbeit der Bürger, die ihrerseits den »Pöbel« teils überlegen, teils ängstlich wahrnahmen. An Arbeitern und Bauern fehlte es bekanntlich in der Paulskirche. Umgekehrt belegen die privaten Briefe und öffentlichen Reden auch gutwilliger Akademiker, wie sich ihre Irritation über die drohende Unordnung, die begriffslose

Unverständlichkeit des Volkes, schließlich ihre Furcht vor dem Chaos und der »roten Republik« schrittweise steigerten, zwischen März und Herbst 1848, in Berlin wie anderswo auch.

Es erstaunt, daß diese unterschiedlichen Bewegungen überhaupt zeitweise zusammenfanden. Doch dies war ja die Bedingung der Revolution, so begann sie. Sie entstand nicht – oder kaum – aus dem Drängen der Liberalen auf Verfassungs- und Gesellschaftsreform, obwohl dieses Drängen in den vierziger Jahren an Stoßkraft gewann. Im Grunde wollten die Liberalen keine Revolution. Diese erwuchs vielmehr aus einer tiefgreifenden gesellschaftlichen Krise, zu der die Krise der Arbeit entscheidend gehörte – angesichts eines schnellen Strukturwandels, rasanten Bevölkerungswachstums, verbreiteter Armut und grassierender Unterbeschäftigung. Diese Krise des Vormärz traf Teile des Volkes sehr viel härter als die bürgerliche Mittelschicht, und es hing letztlich mit dieser Krise zusammen, daß sich eine explosive Stimmung ausbreitete, in der die Nachricht vom gelungenen Februar-Aufstand in Paris auch östlich des Rheins die Revolution in Gang setzen konnte.

Nur mit dem Rückenwind der revolutionären Volksbewegung, die am blutigen 18. März in Berlin einen ersten Höhepunkt erreichte, kamen dann, in den folgenden Tagen, die liberalen, reformbegierigen Bürger an die Macht, an einen Teil der Macht, wie umgekehrt die sich entfaltende Volksbewegung die Überführung ihrer Energie in Programme und Institutionen brauchte, um nachhaltig wirken zu können. Doch auf beiden Seiten verstanden nur wenige diesen Zusammenhang. Und die auseinandertreibenden Erfahrungen, die divergierenden Interessen, die kaum kompatiblen Politikformen erwiesen sich in der Folge als übermächtig. Die Monate von April bis Herbst 1848 lassen sich als Geschichte der Entfremdung der beiden Bewegungen darstellen. Von Herbst 48 bis April 49 tagte dann die Frankfurter Nationalversammlung auf einer sehr geschwächten populären Basis; dem preußischen König fiel es deshalb leicht, ihr forderndes Angebot der Krone zurückzuweisen. Die Nationalversammlung zerfiel. Als Antwort darauf kam es im Mai 49 zu einer letzten Welle von Volksaufständen. Doch ihnen fehlte jetzt die zentrale Institution, die ihren Impuls hätte umsetzen können. Das Volk unterlag.

Man kann also der deutschen Revolution von 1848 weder allein in der Paulskirche noch allein im Friedrichshain angemessen gedenken. Beides gehört zusammen. Im übrigen: Es gab in Deutschland mehrere Zentren und Regionen der Revolution, mit jeweils eigenen Traditionen.

Ein ideenpolitischer Höhepunkt im Prozeß der Entfremdung zwischen liberaler Reformpolitik und Volksbewegung fiel übrigens auf den 8. und 9. Februar 1849, als die Frankfurter Nationalversammlung über das »Recht auf Arbeit« debattierte. Der Berliner »Congreß der Handwerker- und Arbeitervereine« hatte es verlangt, zumindest aber die Arbeitslosenversicherung. Die Forderungen klingen bekannt: Das nackte Dasein müsse gesichert werden. Man gebe besser Arbeit als Almosen. Der soziale Friede sei sonst gefährdet. Man wolle keine »Löwengesellschaft«. Die liberale Mehrheit des Plenums lehnte jedoch ab, auch sie mit bekannten Argumenten: Die Kosten würden zu hoch. Der Staat dürfe den Unternehmen keine unerwünschte Konkurrenz machen. Das freie Spiel der Kräfte dürfe nicht gestört werden, dann werde das Kapital von selbst für Arbeit sorgen.

Jede polemische Parallelisierung zu heute verbietet sich. Doch der Zusammenklang zwischen freiheitlicher Verfassung und sozialem Ausgleich ist eine der schwierigsten Aufgaben moderner Gesellschaften. 1848/49 gelang es nicht, sie zu lösen. Daran scheiterte die Revolution. Auch deshalb bleibt sie ein sehr lebendiges Erbe.

Erschienen unter dem Titel: »Zwischen Friedrichshain und Paulskirche. Vor 150 Jahren wählten Deutschlands Männer erstmals ein nationales Parlament. 585 Abgeordnete zogen am 18. Mai 1848 ins Frankfurter Plenum ein. Vertreter aus der Arbeiterschaft waren nicht darunter«, in: DIE ZEIT, 29. April 1998, S. 78.

WISSENSCHAFT IN DER VEREINIGUNGSKRISE

Vom 12.–13. März 1987 veranstaltete die »Historische Kommission des SPD-Vorstandes« in Bonn ein Forum zum Thema: »Erben deutscher Geschichte – Bundesrepublik und DDR«. Erstmals trafen hier prominente Historiker beider deutscher Staaten vor einer breiten Öffentlichkeit aufeinander und debattierten über die gegensätzlichen Geschichtsdeutungen in Ost und West. Jürgen Kocka traf in dem Podium zu »Geschichtsbewußtsein und Geschichtsinterpretationen in der DDR und in der Bundesrepublik« auf den ostdeutschen Historiker Walter Schmidt und hielt dort das folgende Referat.

»Prinzipielle Unterschiede – gemeinsame Probleme«

1. Die Historiker in der Bundesrepublik und in der DDR haben heute mehr gemeinsam als vor zehn oder zwanzig Jahren. In vielen Einzelbereichen der empirischen Forschung verfolgt man ähnliche Fragestellungen, benutzt man gleiche Methoden und lernt voneinander. Hier wie dort zeigen sich ähnliche Trends, etwa eine gesteigerte Beschäftigung mit Sozialgeschichte. Auch unter den Geschichtstheoretikern gibt es Austausch und gemeinsame Interessen: Max Weber wird auch in der DDR diskutiert, marxistische Ansätze finden auch in der Bundesrepublik Interesse und Verwendung. Die Aufmerksamkeit für die Geschichtswissenschaft der Bundesrepublik war in der DDR immer sehr ausgeprägt. In den letzten Jahren hat nun auch hier das Interesse für geschichtswissenschaftliche Entwicklungen in der DDR zugenommen. Das gegenseitige Verhältnis ist durch zunehmende Differenzierung und größere Sachlichkeit bestimmt.

Die Kontakte haben zugenommen, wenn es auch weiterhin viel leichter ist, einen französischen oder einen ungarischen Kollegen zum Fachgespräch einzuladen als einen Kollegen aus der DDR. Daß dieses Forum »Erben deutscher Geschichte: Bundesrepublik und DDR« stattfindet, ist selbst ein bedeutsames und zu begrüßendes Zeichen. Es ist zu hoffen, daß sich diese Entwicklungen fortsetzen – bis hin zu »joint ventures« im Forschungsbereich. Das hängt wohl weniger von der Wissenschaft und den Wissenschaftlern ab als vom Gesamtklima, von der Politik, von außerwissenschaftlichen Faktoren – auf die wir allerdings Einfluß nehmen können. Weitere Entspannung liegt sicher auch im Interesse des innerwissenschaftlichen Diskurses.

2. Jedoch bestehen weiterhin gravierende Unterschiede und Gegensätze. Für die Geschichtswissenschaft in der DDR ist die marxistisch-leninistische Lehre verbindlich, deren Grundsätze zwar nicht unflexibel sind, aber maßgeblich von außerwissenschaftlichen, politischen Instanzen mitinterpretiert werden und der Kritik der meisten einzelnen Historiker weitgehend entzogen sind. Für die Geschichtswissenschaft in der DDR ergibt sich daraus die Pflicht zur Parteilichkeit und zur Arbeit im Rahmen eines relativ geschlossenen, zentral formulierten Geschichtsbildes mit teleologischen Zügen – eines Geschichtsbildes, das Vergangenheit und Gegenwart verklammert und die DDR als bisher fortgeschrittenste Stufe deutscher Geschichte darstellt. So erklären sich die stark legitimatorischen Funktionen der Geschichtswissenschaft in der DDR, ihre vergleichsweise geringe Autonomie und ihre große Bedeutung in Gesellschaft und Politik.

Historiker in der Bundesrepublik sind mit einer ähnlich verbindlichen und homogenen Staatsideologie nicht konfrontiert. Die Bundesrepublik hat geschichtsphilosophische Legitimation weder nötig noch zur Verfügung. Entsprechend geringer sind die legitimatorische Indienstnahme und die gesellschaftlich-politische Bedeutung der Geschichtswissenschaft hierzulande. Ihre relative Autonomie ist vergleichsweise gesichert. Der Pluralismus von Fragestellungen, Theorien und Deutungen ist konstitutiv für das hiesige wissenschaftliche Selbstverständnis und zu einem guten Teil auch für unsere Wissenschaftspraxis. Weder wird uns in der

Regel die Herstellung eines einheitlichen Geschichtsbildes zugemutet, noch ist es für uns riskant, solche Zumutung, wenn sie denn auftritt, zurückzuweisen. Traditionspflege ist in der Bundesrepublik – anders als in der DDR – nicht eine Hauptaufgabe der Historiker.

Allerdings schlagen diese prinzipiellen Unterschiede zwischen den beiden Geschichtswissenschaften nicht dauernd und hundertprozentig auf die alltägliche empirische Forschung und Einzeldarstellung durch. Auch bei uns hat der Pluralismus seine Grenzen. Und auch in der DDR hat die historische Forschung eine eigene Dynamik, eigene Methoden, ein professionelles Selbstbewußtsein und ein von Partei und Staat schon im eigenen Interesse normalerweise respektiertes Eigengewicht, das in den letzten Jahren mit steigender Leistungskraft eher zu- als abgenommen hat. Deshalb vor allem sind systemübergreifend Kooperation und Gemeinsamkeit auf vielen Einzelgebieten möglich, so sehr in der Interpretation der großen Linien und in den prinzipiellen Standortbestimmungen Gegensätze fortbestehen. Vieles scheint überdies in der DDR in Bewegung, vielleicht mehr, als wir von hier aus immer wahrnehmen können.

3. Aber nicht nur als professionelle Historiker, sondern auch als nahe beieinander lebende Zeitgenossen und als »Erben« ein und derselben Geschichte (jedenfalls bis 1945) haben Historiker in der Bundesrepublik und in der DDR manches gemeinsam: gemeinsame Bürden, gemeinsame Chancen und gemeinsame Probleme. Drei davon möchte ich ansprechen, mit Fragen an die Kollegen aus der DDR: die Einordnung des Nationalsozialismus, das Problem des Fortschritts und die Frage der Nation.

3.1. Die angemessene Einordnung der nationalsozialistischen Diktatur in die deutsche Geschichte und – durch

Vergleich – in den universalgeschichtlichen Zusammenhang ist ein Dauerproblem, um das es auch im sogenannten »Historikerstreit« ging, der in den letzten Monaten hier in der Bundesrepublik ausgetragen wurde. Diese Kontroversen dauern an, unvermeidlicherweise. Hat man in der DDR diese Einordnungsprobleme gelöst, oder hat dort der anstehende Historikerstreit nur noch nicht stattgefunden? Es fällt auf, daß man in der DDR lange den deutschen Faschismus fast ausschließlich als Produkt der Politik damals herrschender Minderheiten dargestellt hat: der Monopolbourgeoisie, des Finanzkapitals, der Junker etc., die gemeinsam mit einigen braunen Desperados das an sich unschuldige, an sich fortschrittliche Volk vergewaltigten, verführten und versklavten, bis dieses dann 1945 befreit wurde und – nach gründlicher Entmachtung der herrschenden Cliquen – östlich der Elbe zum Träger fortschrittlicher Politik werden konnte. Da ist etwas dran, aber die Wirklichkeit war und ist viel komplizierter. Denn der Nationalsozialismus hatte durchaus seine Basis in der Bevölkerung. Er war durchaus im »Volk« verwurzelt. Natürlich gab es Widerstand und Resistenz in den verschiedensten sozialen Schichten, aber die Geschichte des deutschen Volkes und die Geschichte des deutschen Faschismus durchdrangen sich gegenseitig zutiefst, und von dieser schlimmen, zeitweiligen Symbiose bleibt deutsche Geschichte auch in den folgenden Jahrzehnten beeinflußt (bis heute) – und zwar nicht nur in der Bundesrepublik. Dem Anteil der Massen, des Volkes, auch der Arbeiterklasse an jenem katastrophalen Abschnitt deutscher Geschichte muß sich meines Erachtens die DDR-Historie erst noch gründlicher stellen. Das könnte gravierende theoretische Konsequenzen haben. Es könnte danach auch schwerer sein, eindeutig und sauber zwischen progressiven und reaktionären »Klassenlinien« in der deutschen Geschichte zu unterscheiden und die DDR ausschließlich in die Tradition der »positiven Klassenlinie« zu rücken. Man kann sich eben nicht nur den Teil des »Erbes« aussuchen, der einem paßt, und den anderen über die Grenze abschieben. Vielmehr gibt es auch in dieser Hinsicht so etwas wie »Verantwortungsgemeinschaft« (v. Thadden). – Aber möglicherweise renne ich mit diesen Bemerkungen offene Türen ein? Jedenfalls möchte ich Walter Schmidt ausdrücklich zustimmen, wenn er schreibt, es gehe darum, das ganze historische Erbe in seiner Weite und Vielfalt, Kompliziertheit und Widersprüchlichkeit »voll aufzuschließen und anzueignen«.

3.2. Die Interpretationen der Geschichte sind immer beeinflußt von den Erfahrungen in der Gegenwart. In den letzten Jahren werden im industriell fortgeschrittenen Teil der Welt Erfahrungen gemacht, die die ungewollten »Kosten« und gefährlichen Folgen der modernen Zivilisation ins Blickfeld treten lassen. Man wird nicht zum nostalgischen Romantiker werden, und man wird die immensen Fortschritte der weltweit ausstrahlenden westlichen Zivilisation nicht herunterspielen müssen, um doch sensibler zu werden für die Ambivalenzen des Fortschritts. Eine solche Sensibilisierung findet hierzulande statt, und sie findet ihren Niederschlag in Teilen des Geschichtsbewußtseins und der Geschichtsschreibung. Bekanntlich gilt das für die sogenannte »Alltagsgeschichte«, in der man allerdings die »Kosten« der Modernisierung oft maßlos übertreibt und die »gute alte Zeit« zu stilisieren geneigt ist. Aber auch andere Historiker sind vorsichtiger geworden mit der Vergabe der Prädikate »rückwärts gewandt« und »vorwärts gewandt«, »fortschrittlich« und »rückschrittlich«.

Nun sind diese Krisenerfahrungen ja grenzen- und systemüberschreitend. Es gab Unfälle in Harrisburg und

Tschernobyl. Chemie bedroht nicht nur den Rhein, sondern auch die Oder. Der Smog über Berlin macht an der Mauer nicht halt. Die umfassende Bürokratisierung des Lebens ist im Osten sogar noch viel ausgeprägter als im Westen. Aber man findet in der Geschichtsschreibung der DDR kaum einen Niederschlag dieser Erfahrungen. DDR-Historiker zeigen weiterhin eine bewundernswerte Sicherheit – oder erstaunliche Naivität? – bei der Verteilung der Attribute »fortschrittlich« und »reaktionär«. Sie scheinen ganz genau zu wissen, was Fortschritt ist, und sie ignorieren seine Ambivalenzen. Woran liegt es? Sperrt sich da ein politisch festgezurrtes, aus dem 19. Jahrhundert stammendes Geschichtsbild gegen die wissenschaftlich produktive Verarbeitung neuer Erfahrungen?

3.3. In beiden Staaten wächst das Interesse an der Nationalgeschichte. In der Bundesrepublik wird heute mehr als früher von den Historikern erwartet, daß sie Antworten auf die Frage nach der kollektiven Identität geben, und zwar auch auf die Frage, wer man als Deutscher sei. Und so sehr man in der DDR beansprucht, heute nicht mehr Teil einer übergreifenden deutschen Nation zu sein, sondern eine neue, sich formierende, sozialistische deutsche Nation darzustellen, so entschieden wendet man sich jetzt doch der ganzen deutschen Geschichte, dem »ganzen nationalen Erbe«, der »Nationalgeschichte des deutschen Volkes« zu. Lange hatte man eher ausgewählte »positive Traditionen« progressiver und revolutionärer Art als Kern der eigenen Geschichte betont – von den innerstädtischen Kämpfen des Spätmittelalters und den Bauernkriegen über die Aufklärung und die Jakobiner bis zu Arbeiterbewegung und KPD – und den großen Rest eher kritisch oder am Rand betrachtet (obwohl es da immer viele Übergänge gab). Neuerdings wird dagegen (W. Schmidt) »mit größerer Unbefangenheit«, »wie es dem siegreichen Sozialismus entspricht«, »in neuer Qualität die Frage nach einer umfassenden und differenzierenden Aufarbeitung des nationalen Erbes der gesamten deutschen Geschichte« verfolgt. Drei abschließende Bemerkungen zu diesen Problemen:

a) Sowohl in der Bundesrepublik wie in der DDR scheint mit dieser nationalgeschichtlichen Akzentverschiebung die Neigung zu einer milderen, weniger kritischen, »zustimmungsfähigeren« Sicht der eigenen Geschichte verbunden zu sein. Neuere Deutungen des Kaiserreichs, die Kritik an der kritischen »Sonderweg«-These, aber auch manche Bemühungen um die »Historisierung« des Nationalsozialismus lassen sich als bundesrepublikanische Beispiele anführen. Die anerkennungsreiche Neubewertung Preußens und Friedrichs (»des Großen«), Luthers und Bismarcks kann man als entsprechende Beispiele auf der DDR-Seite sehen. – Wie sich in den letzten Monaten gezeigt hat, geht dies zumindest in der Bundesrepublik nicht ohne entschiedene Einwände ab. Die Sorge vor glättender, legitimatorischer Identitätshistorie ist groß. Daß es am Ende zu einer nationalgeschichtlichen »Entsorgung« (Habermas) der Vergangenheit wirklich kommt, ist unwahrscheinlich. Kritische Traditionen sind in der Geschichtswissenschaft der Bundesrepublik mittlerweile fest verwurzelt. Aber wie ist es in der DDR, wo positive Traditionspflege seit langem zu den anerkannten Aufgaben der Historiker zählt?

b) Zweifellos bedeutet die neue Betonung der nationalgeschichtlichen Dimension nicht ihre Verabsolutierung – weder in der Bundesrepublik noch in der DDR. Hier wie dort kann die nüchterne historische Erinnerung zu der Einsicht beitragen, daß man als Person zugleich immer in mehreren Loyalitäten und Identitäten steht, die miteinander in Spannung sein mögen, sich aber nicht notwendig widersprechen:

als Bürger eines Staates und als Einwohner einer Region, als Europäer, als Angehöriger der westlichen Zivilisation und eben auch als Deutscher mit Zugehörigkeit zu einem geschichtlich-kulturell-sprachlichen Zusammenhang, den wir »Nation« nennen. Nichts spricht dafür, diese nationale, nationalgeschichtlich fundierte Dimension unserer Identität zu ignorieren und zu verdrängen, aber ebensowenig spricht dafür, sie vor anderen Dimensionen unserer Identität besonders herauszustreichen. Wissenschaftlich mindestens so interessant, wenn auch schwieriger ist die Erforschung *europäischer* Zusammenhänge, in die die deutsche Geschichte bekanntlich über die Jahrhunderte hinweg besonders intensiv verflochten gewesen ist. Auch politisch mag manches dafür sprechen. Die nationalgeschichtliche Wendung kann auch einen Verlust, eine Rückkehr zu alten historiographischen Konventionen darstellen, die man schon einmal überwunden zu haben glaubte.

c) Soweit man in der Bundesrepublik und in der DDR erwartet, durch Hinwendung zur deutschen Nationalgeschichte die spezielle Identität, den Zusammenhalt und die Stabilität des jeweiligen Staatswesens stärken zu können, ist keineswegs sicher, ob sich diese Erwartung erfüllt. Jedenfalls wird man nicht übersehen können, daß auf diese Weise das in den Blick und ins Geschichtsbewußtsein gelangt, was beide Staaten historisch verbindet. Denn sie teilen ein und dieselbe Geschichte zumindest bis 1945, so verschieden diese westlich und östlich der Elbe auch interpretiert wird. Und selbstverständlich beansprucht man auch in der Bundesrepublik, legitimer »Erbe« der ganzen deutschen Geschichte zu sein. Durch die Hinwendung zum »ganzen historischen Erbe« kommt Gemeinsames in den Blick.

Man wird die Kraft gemeinsamer historischer Erinnerung angesichts der vielfältigen Unterschiede und Gegensätze, die ansonsten das Verhältnis der beiden Staaten prägen, nicht überschätzen. Sicherlich folgt aus der gemeinsamen Geschichte *allein* nicht der Beweis, daß eine systemübergreifende deutsche Nation weiterhin besteht (obwohl man für deren Existenz durchaus Argumente beibringen kann). Und zur Begründung des Sinns einer *staatlichen* Wiedervereinigung taugt die deutsche Geschichte erst recht nicht. Im Gegenteil: Die Existenz mehrerer Staatswesen bzw. Herrschaftsgebiete war der Normalfall deutscher Geschichte, das Projekt der deutschen Nationalstaatsbildung in der Mitte Europas hatte von Anfang an große »Kosten« und mittelfristig katastrophale Folgen. Und die prinzipielle Fortschrittlichkeit dieses Experiments mag gerade für heutige Historiker, die nicht mehr kleindeutsch-borussisch verengt denken, weniger selbstverständlich sein als für die meisten Zeitgenossen der Reichsgründung, zu denen nicht nur Sybel und Treitschke, sondern auch Marx und Engels gehörten.

Trotzdem konstituiert gemeinsame Geschichte Zusammengehörigkeit langfristiger Art, und sie stellt gemeinsame Erfahrungen bereit, aus denen man Schlüsse zu ziehen versuchen kann. Das Wort von der »Verantwortungsgemeinschaft« spielt darauf an. Verantwortung gegen den Frieden – sicherlich, das wird derzeit häufig und zu Recht betont. Aber vielleicht haben wir auch gemeinsame Verantwortung gegenüber anderen Normen menschlichen Zusammenlebens wie Freiheit und Pluralismus, Demokratie und soziale Gerechtigkeit. Die langfristige Verletzung oder Unterdrückung solcher Prinzipien rächt sich, wie man eben auch aus der deutschen Geschichte lernen kann. Gegenstand gemeinsamer Verantwortung wäre insofern sicherlich der Frieden, aber eben nicht nur dieser. Doch dies ist ein weites Feld.

Susanne Miller/Malte Ristau (Hg.), Erben deutscher Geschichte. DDR-BRD: Protokolle einer historischen Begegnung, Reinbek bei Hamburg 1988, S. 26–32. Erstdruck unter dem Titel: »Wir kommen aus ihr, stehen in ihr und führen sie weiter«. In Bonn trafen sich Historiker aus der Bundesrepublik und der DDR zu einem Dialog über das Erbe der deutschen Geschichte, in: Frankfurter Rundschau, 10. April 1987, S. 14.

Als Mitglied des Wissenschaftsrates (1990–1992) war Jürgen Kocka vom Herbst 1990 bis zum Sommer 1991 an der Evaluation der Forschungseinrichtungen der ehemaligen »Akademie der Wissenschaften der DDR« beteiligt und leitete die Arbeitsgruppe, die die geisteswissenschaftlichen Akademieinstitute begutachtete.

In zwei Jahren ist die Integration nicht zu leisten. Über die »Abwicklung«

Harro Zimmermann: Herr Kocka, zu Beginn der Abwicklung der Geisteswissenschaften in der Akademie der Wissenschaften ging die Rede von einer »Forschungswüste«. Man sprach von ideologischen Wasserträgern, von SED-hörigen Parteischergen der Wissenschaft, von dogmatischer Erstarrung. Nun ist das gewaltige Evaluationsunternehmen im wesentlichen beendet, die Projektion der künftigen Wissenschaftsstruktur in Ostdeutschland ist erarbeitet. War tatsächlich so etwas wie eine »Forschungswüste« abzuwickeln?

Jürgen Kocka: Es hat zweifellos auch sehr viel hochqualifizierte Forschung in den außeruniversitären Einrichtungen der DDR wie auch in den Universitäten der DDR gegeben, und ein Ergebnis des Evaluationsprozesses lag eben gerade darin, dies herauszufinden. Von den ungefähr 30000 Beschäftigten, die im Sommer 1990 in außeruniversitären Forschungseinrichtungen der DDR beschäftigt waren, sind 13000 bis 17000 Personen weiterempfohlen worden, um in neuen institutionellen Kontexten ihre Forschung weitertreiben zu können. Dies allein spricht dafür, daß dies keine Wüste war.

Wie soll denn die Grobstruktur der ostdeutschen Forschungslandschaft in Zukunft aussehen, wenn anerkannt werden mußte, daß es dort viel Bewahrenswertes gibt und gegeben hat?

Jürgen Kocka: Die außeruniversitären Forschungsinstitute waren teilweise riesengroß und nach sowjetischem Modell scharf von den Universitäten getrennt. Die Empfehlung des Wissenschaftsrats läuft darauf hinaus, die meisten dieser großen Forschungsinstitute nicht als solche weiterzuführen. Aber, wie gesagt, viele der dort betriebenen Projekte, viele der dort arbeitenden Wissenschaftler sind hochqualifiziert, und wo also sollen diese Wissenschaftler weiterarbeiten?

Eine Antwort ist: in den Universitäten. Im Augenblick geht es darum, Mittel und Wege zu finden, sie in den Hochschulen zu plazieren, so daß sie dort weiter forschen und auch lehren können. Eine zweite Antwort: innerhalb neu zu gründender oder bestehender außeruniversitärer Forschungseinrichtungen: in Max-Planck-Instituten, in Instituten der Fraunhofer-Gesellschaft, in anderen Forschungsinstituten. Viele solcher Institute werden derzeit neu gegründet, in den östlichen Ländern. Die Errichtung von sieben geisteswissenschaftlichen Forschungszentren wurde empfohlen, in Berlin, Potsdam, Halle und Leipzig.

Eine dritte Antwort: ein Teil dieser Projekte soll im Sinne klassischer Akademieunternehmungen weitergeführt werden. Denken Sie an das Grimmsche Wörterbuch oder auch die Marx-Engels-Gesamtausgabe, aber sehr kleine Forschungsunternehmungen, die in Anbindung an Akademien, demnächst wohl auch an die neu zu strukturierende Berliner Akademie, weitergeführt werden.

Die Evaluation hat ja zunächst einmal Strukturen, Kapazitäten, also Institutionelles durchgeprüft. Die Auslese der Wissenschaftler steht eigentlich noch aus. Wie kommen die Evaluationsgremien da weiter, nach welchen Kriterien haben sie ausgewählt, wie sehen Sie die Perspektiven?

Jürgen Kocka: Diese Einzelbegutachtungen im Rahmen der vorliegenden Empfehlungen des Wissenschaftsrats sind abgeschlossen. Bis Ende des Jahres wurde in der Regel entschieden, wem wo ein Angebot zur Weiterarbeit gemacht werden konnte. Am 31.12. war die Zeit der Akademieinstitute, soweit sie nicht im Ausnahmefall weitergeführt werden, abgelaufen. Diese Einzelbegutachtung war schwierig. Nicht der Wissenschaftsrat, sondern andere Institutionen wie die Deutsche Forschungsgemeinschaft und die Max-Planck-Gesellschaft waren damit befaßt, vor allem aber die Gründungsausschüsse der neu entstehenden Institute. Dabei wurde entschieden, wer weitere Arbeitsmöglichkeiten in den Universitäten erhielt oder in den neuen Forschungsinstituten oder in einem der neu zu gründenden geisteswissenschaftlichen Zentren etwa für Zeitgeschichte oder für Wissenschaftsgeschichte und Wissenschaftstheorie. Weiterhin ist allerdings unsicher, ob genügend Geld da sein wird, um die Empfehlungen des Wissenschaftsrats langfristig zu realisieren.

Wie kann man denn sichern, daß vor allem die jüngeren Wissenschaftler, die bisher noch keine Chance hatten, und diejenigen, die sich im Apparat der DDR unbotmäßig verhalten haben, begünstigt werden?

Jürgen Kocka: Die Chance für jüngere, sofern sie qualifiziert sind oder sich qualifizieren, ist gut. Über das Stipendiensystem, das wir haben; über die voraussichtlich Mitte der neunziger Jahre aus demographischen Gründen frei werdenden Stellen wird man Möglichkeiten haben, um im neuen gesamtdeutschen Wissenschaftssystem weiter zu existieren. Sehr viel schwieriger ist es bei denen über 50 oder 45, die ja auch etablierter und häufig auch belasteter waren, und die es sehr viel schwerer haben, in neue Arbeitsplätze hineinzukommen.

Insbesondere ist ungesichert, ob der Transfer in die Universitäten gelingt. Die Universitäten in den neuen Ländern sind selbst überfüllt, sie sind nicht sehr aufnahmefähig. Sie können Wissenschaftler nur nehmen, wenn die gleichermaßen ihr eigenes Geld mitbringen. Und dieses Geld muß größtenteils vom Bund zur Verfügung gestellt werden, aber bisher ist das entsprechende Programm nur auf zwei Jahre ausgelegt. Danach fehlen die Mittel. In zwei Jahren aber ist diese Integration in die Hochschulen nicht zu leisten. Jeder weiß das, und man kann nur hoffen, daß rechtzeitig eine Verlängerung dieses Programms verhandelt und beschlossen wird.

Die ostdeutschen Universitäten, so befürchtet Ihr Münchener Kollege Professor Dieter Henrich, werden zunächst einmal versuchen, ihre eigene ideologische Deformation abzubauen, und zwar vornehmlich in Gestalt hochqualifizierter westdeutscher Bewerber. Könnte das nicht eine arge Benachteiligung ostdeutscher Wissenschaftler bedeuten?

Jürgen Kocka: Für die Universitäten in der ehemaligen DDR ist entscheidend, ob ihnen eine gründliche Erneuerung gelingt. Dazu brauchen sie die Berufung von Wissenschaftlern aus dem Westen ganz dringend. Ob die Erneuerung in ausreichendem Maß gelingt, ist derzeit noch offen. Denn sie zwingt auch zur Entlassung eines Teils des bisherigen wissenschaftlichen Personals und kostet Geld. Man versucht es jedoch durch offene Neuberufungsverfahren z. B., in denen dann in der Tat oft die ostdeutschen Bewerber den kürzeren ziehen. Auch deshalb war es von vorneherein ausgeschlossen, alle qualifizierten Wissenschaftler aus den außeruniversitären Forschungseinrichtungen in die Hochschulen einzugliedern.

Was können Sie über das bisher Gesagte hinaus noch tun für die wünschenswerte »Durchmischung« ost- und westdeutscher Wissenschaftler, die doch unerläßlich ist?

Jürgen Kocka: Das Hochschulerneuerungsprogramm finanziert und ermöglicht die Eingliederung von Wissenschaftlern aus den nicht weiterbestehenden Forschungsinstituten ausschließlich in die Hochschulen der neuen Bundesländer. Unter dem Gesichtspunkt der »Durchmischung« wäre es notwendig gewesen, die Eingliederung von Wissenschaftlern aus dem Osten auch in die Hochschulen des Westens zu erleichtern. Das geschieht viel zu wenig, hier liegt ein Konstruktionsfehler der bisherigen Politik.

Der Evaluationsprozeß, Herr Kocka, ist des öfteren herb kritisiert worden: Zum Beispiel in der Hinsicht, ob denn ostdeutsche Wissenschaftler überhaupt in zureichender Weise zu Rate gezogen worden sind als Gutachter usw. Sind Sie mit der Prüfungspraxis in jedem Fall einverstanden gewesen?

Jürgen Kocka: Zu den Gutachtergruppen gehörten Wissenschaftler aus der ehemaligen DDR und aus dem Ausland. Aber die Mehrheit stellten die Westdeutschen. Im Einzelfall mag die Möglichkeit zur stärkeren »Durchmischung« der Gutachter verpaßt worden sein, aber im ganzen konnte es nicht viel anders laufen.

Übrigens ist mir aufgefallen, daß häufiger Ost-Wissenschaftler über ihre Kollegen aus der ehemaligen DDR härter urteilen als die West-Gutachter.

Ganz entschiedene Kritiker haben gefordert, es müsse auch eine Evaluation der Evaluationäre geben, eine Selbstreflexion der westdeutschen Prüfungsspitze, die unter Umständen der Macht mehr verdankte als der eigenen Kompetenz. Ist Ihnen solche Kritik völlig uneinsichtig?

Jürgen Kocka: Ich glaube, daß die Begutachtung im ganzen fair und kompetent war. Die meisten Gutachter waren selbst schon Gegenstand von Begutachtungen. Die Evaluation von Forschungseinrichtungen hat ja in der alten Bundesrepublik eine lange Tradition. Derzeit evaluieren Arbeitsgruppen des Wissenschaftsrats die Historische Kommission zu Berlin (ehemals West), das Germanische Nationalmuseum in Nürnberg und andere ehrwürdige Institutionen.

Die Deutsche Forschungsgemeinschaft (DFG) evaluiert ihre Sonderforschungsbereiche regelmäßig alle drei Jahre.

Und die Evaluation der Einrichtungen in der ehemaligen DDR ist sehr kritisch von der Öffentlichkeit begleitet worden. Sie war kein unkontrollierter Prozeß. Am Ende überwog die Zustimmung.

Eine Frage, die mit der vorangegangenen direkt zusammenhängt. Ihr schon zitierte Kollege Dieter Henrich hat davon gesprochen, daß dieses Evaluationsverfahren das ostdeutsche durch das westdeutsche Wissenschaftssystem einfach ersetze. Es komme zu einer Duplizierung unserer Wissenschaftsstruktur mit all ihren Mängeln und Lähmungen im Osten. Sind Sie da gänzlich anderer Meinung?

Jürgen Kocka: Die Kritik ist nicht ganz unberechtigt. Man kennt ja die Probleme des bundesrepublikanischen Systems: überfüllte Seminare und Vorlesungen, die ganzen Defizite eines Universitätssystems, das seine Strukturen aus dem 19. Jahrhundert nicht an die immense Expansion der letzten Jahrzehnte anzupassen vermochte. Und vermutlich erfüllt auch nicht jedes außeruniversitäre Forschungsinstitut im Westen die strengen Kriterien, die der Wissenschaftsrat bei der Evaluierung der Institute im Osten angelegt hat. Warum wurde dann doch im großen und ganzen das westdeutsche System auf die neuen Bundesländer übertragen?

Zum einen: Es wäre schon viel erreicht, wenn es gelänge, die Institutionen in den neuen Bundesländern auf den besseren, wenn auch unvollkommenen Stand zu heben, der in der alten Bundesrepublik erreicht war. Zum anderen: Die Vereinigungskrise der letzten zwei Jahre war einer Radikalreform des Gesamtsystems nicht günstig. Man mußte schnell handeln, unter schwierigen Bedingungen, und da ist es verständlich, wenn man nach dem greift, was sich einigermaßen bewährt zu haben scheint.

Schließlich: Innovationen stoßen meist auf etablierte Interessen. Der Sacro egoismo ist kein Privileg von Staaten, auch wissenschaftlichen Großorganisationen ist er nicht fremd. Sie tendieren zur Bekräftigung des Status quo. Warum sollten sie es neuen Ideen leichtmachen, wenn sie in den alten Verhältnissen stark und einflußreich geworden sind? Man sieht es an der Kritik der Hochschulrektorenkonferenz an dem sehr maßvollen Vorschlag des Wissenschaftsrats, ein paar kleine geisteswissenschaftliche Forschungszentren in den neuen Ländern einzurichten, die zwar engstens mit den Hochschulen verknüpft sein sollen, aber dennoch nicht in ihnen aufgehen sollen.

Nach Meinung der Rektoren gehört geisteswissenschaftliche Forschung ganz und gar in die Hochschulen. Daß deren Aufnahmefähigkeit besonders in den neuen Ländern begrenzt ist und auch geisteswissenschaftliche Forschung nicht nur in einer einzigen institutionellen Form betrieben werden kann, beeindruckt die Rektoren aus den westlichen Ländern offenbar wenig. Den Neuansatz wollen sie verhindern.

Wenn sie sich durchsetzen, ist die Gefahr groß, daß die Geisteswissenschaften als Verlierer des wissenschaftlichen Vereinigungsprozesses dastehen, der ja auch – etwa durch Gründung vieler neuer Blaue-Listen-Institute in den Natur- und Technikwissenschaften – das relative Gewicht der einzelnen Fächergruppen neu definiert.

Die schwierigste Frage zum Schluß, Herr Kocka. Sicher haben Sie und Ihre Mit-Evaluationäre auch so etwas versucht wie eine qualitative Gesamteinschätzung des Geleisteten. Sieben neue zentrale geisteswissenschaftliche Zentren, Weiterführung einiger bewährter Forschungsunternehmungen der DDR, die Entwicklung einer neuen Akademie der Wissenschaften in Berlin, das könnten ja außerordentliche Impulse für die geisteswissenschaftliche Forschung im neuen Deutschland sein.

Noch einmal gefragt: was, glauben Sie, ist insgesamt der qualitative Impuls dieser Reorganisation für die einschlägige Forschung in Deutschland?

Jürgen Kocka: Die Korrektur der Beschädigungen, die die Jahrzehnte der Diktatur den Wissenschaften in den neuen Ländern zugefügt haben, kostet viel Kraft, Geld und Zeit. Man muß froh sein, wenn ein Qualitätsverlust des Gesamtsystems – im Vergleich zum vorher erreichten westdeutschen Stand – vermieden werden kann. Das wäre schon viel.

Andererseits nimmt die innere Vielfalt der Wissenschaften als Folge der Vereinigung zu. Mit den neuen Landschaften kommen neue Blickpunkte herein. Der intellektuelle Vereinigungsprozeß wird neben vielen Friktionen sicher auch neue Debatten und Kontroversen produzieren, die wissenschaftliche Arbeit stimulieren können.

Im übrigen muß man sehen, ob sich die weiterführenden Empfehlungen – die Zentren als Beispiel – gegen die unübersehbaren Widerstände überhaupt realisieren lassen. Die letzten anderthalb Jahre haben viel Evaluierung, Bewegung und Neustrukturierung gebracht, aber nur für die neuen Länder. Zu hoffen ist, daß sich diese Dynamik auf die alten Länder zurückwenden läßt. Denn auch hier ist viel neu zu bedenken.

Mit Jürgen Kocka sprach Harro Zimmermann (Bremen).

Frankfurter Rundschau, 16. Januar 1992, S. 17.

Von 1992 bis 1996 leitete Jürgen Kocka im Nebenamt und kommissarisch den »Forschungsschwerpunkt Zeithistorische Studien« in Potsdam, aus dem 1996 das »Zentrum für Zeithistorische Forschung« hervorging. In dieser Funktion nahm er im Sommer 1993 gegenüber Kritikern des vom Institut verfolgten Integrationskonzepts öffentlich Stellung.

Auch Wissenschaftler können lernen

Der Umbruch der Forschung im Osten Deutschlands reicht tief. Teilweise kommt er einem Zusammenbruch gleich. Der Neuaufbau konsolidiert sich nur langsam. Die großen Forschungsinstitute der DDR-Akademien sind aufgelöst worden. Die Reduktion des Hochschulpersonals hielt sich in Grenzen, denn hier wurden die vielen Entlassungen teilweise durch Neueinstellungen ausgeglichen. Doch im ganzen war der Aderlaß gewaltig: Lediglich ein Drittel des 1989 in der DDR mit wissenschaftlicher Forschung befaßten Personals dürfte weiterhin in wissenschaftlichen Einrichtungen der östlichen Bundesländer tätig sein.

Die Geistes- und Sozialwissenschaften, oft besonders system- und ideologienah, sind von der Schrumpfung überdurchschnittlich betroffen. Drei von vier Wissenschaftlern dieses Bereichs dürften seit 1989 ausgeschieden sein. Zum Beispiel finden sich heute unter den Geschichtsprofessoren nur noch ganz wenige, die schon in der DDR ein Professorenamt innehatten. Viele westdeutsche Historiker haben Rufe an ostdeutsche Hochschulen angenommen und den Umbau auch kräftig beeinflußt.

Man muß diesen Hintergrund kennen, um den Vorschlag des Wissenschaftsrats recht zu verstehen, in den östlichen Ländern nicht nur eine große Anzahl neuer Forschungsinstitute für die Natur-, Technik-, Geo- und Biowissenschaften einzurichten, sondern auch für die Geisteswissenschaften etwas Neues zu gründen: Sieben Forschungsschwerpunkte für Zeitgeschichte, Literaturforschung, Linguistik, Kultur Ostmitteleuropas, Wissenschaftsgeschichte, Aufklärungsforschung und Moderne Orientwissenschaft werden seit Anfang 1992 unter der Leitung der Max-Planck-Gesellschaft aufgebaut. Sämtliche Mitarbeiterstellen sind bis Ende 1994 befristet. Im Personal überwiegen die Ostdeutschen, doch wird Ost-West-»Durchmischung« angestrebt. Die Leitungspositionen sind noch nicht besetzt, vorläufig gibt es nur kommissarische Leiter im Nebenamt. Über die endgültige Institutionalisierung ist noch nicht entschieden.

Es ist gut möglich, daß diese Forschungsschwerpunkte dem Dissens der großen Wissenschaftsorganisationen und aktuellen Sparzwängen zum Opfer fallen und nicht auf Dauer errichtet werden. Dann wäre eine der wenigen Innovationen, die die Vereinigungskrise hervorgebracht hat, verspielt. Die ohnehin notleidende Wissenschaftslandschaft der neuen Länder wäre um ein weiteres Stück ärmer.

Ein scharfer Angriff auf einen dieser Forschungsschwerpunkte, den für Zeithistorische Studien in Potsdam, erschien am 10. August in der F.A.Z. Er stammt von Armin Mitter und Stefan Wolle, zwei prominenten Historikern der Berliner Humboldt-Universität, die bis zur Wende einem geschichtswissenschaftlichen Institut der DDR-Akademie angehörten und sich seit Ende 1989 als entschiedene Kritiker der DDR-Geschichtswissenschaft und der SED-Diktatur einen Namen gemacht haben. Der Kern ihres Vorwurfs: der Potsdamer Forschungsschwerpunkt beschäftige Historiker, die sich im Dienst am SED-Staat diskreditiert haben und sich für eine kritische Geschichte der DDR wenig eignen. Das Bild, das sie malen, ist schief.

Der Potsdamer Forschungsschwerpunkt (FSP) untersucht die Geschichte von DDR und SBZ in breiten Zusammenhängen. Auf der Grundlage intensiver Archivstudien werden Gesellschaft und Staat, Wirtschaft und Kultur der SED-Diktatur erforscht, im Vergleich zur Geschichte des westlichen Deutschlands, auch im Vergleich zur nationalsozialistischen Diktatur. Zu den derzeit bearbeiteten Themen gehören: die Sozialgeschichte der Arbeiter in der DDR, der Umgang mit dem nationalsozialistischen Erbe in beiden deutschen Staaten, das Aufwachsen in der Diktatur, die Deutschlandpolitik der SED, Innovationsprobleme der ostdeutschen Industriewirtschaft, Probleme literarischer Produktion und Öffentlichkeit im SED-Staat. Im Projekt »Geschichtswissenschaft und Diktatur« geht es auch um die Verstrickungen und politischen Instrumentalisierungen ostdeutscher Historiker in den vergangenen Jahrzehnten. Der FSP hat sich mehrfach öffentlich vorgestellt. Die beiden Kritiker gehen aber auf seine inhaltliche Arbeit nicht ein, vielleicht weil sie es schwer hätten, daran auch nur die Spur einer Verharmlosung zu entdecken.

Gemäß den Vorgaben des Wissenschaftsrats wurden in den FSP zunächst nur gut evaluierte Wissenschaftler aus den aufgelösten Akademie-Instituten aufgenommen. Aus einer großen Zahl von Bewerbern wurden sie von einer Kommission der Max-Planck-Gesellschaft ausgesucht. Als zentrale Auswahlkriterien dienten wissenschaftliche Leistungsfähigkeit und Eignung, wobei klar war, daß Eignung auch durch politisch-moralische Belastung in Frage gestellt sein kann und der Nachweis von Leistungsfähigkeit in der Diktatur häufig behindert worden ist. Frei werdende und neue Stellen werden auf der Basis offener Ausschreibung besetzt, unter Mitwirkung des Wissenschaftlichen Beirats. Die ostwestliche Durchmischung kommt langsam voran.

Gegenwärtig sind achtzehn Wissenschaftlerinnen und Wissenschaftler beschäftigt, ohne Leiter und Stipendiaten, vier aus dem Westen, vierzehn aus dem Osten. Im ganzen überwiegen jüngere Nachwuchswissenschaftler. Das Spektrum der Ostdeutschen reicht von Vertretern bürgerrechtlich-radikaler Positionen mit Erfahrungen ausgeprägter Randstellung und Benachteiligung im alten System bis zu einer Minderheit älterer Historiker, die wissenschaftlich sehr ausgewiesen sind, auch internationales Ansehen genießen und bereits in der DDR ihren Beruf mit Erfolg ausgeübt haben: zweifellos als Teil des Systems, sei es aus Überzeugung, sei es aus Anpassung. Deren Einbeziehung kritisieren Mitter und Wolle, die anderen erwähnen sie nicht, den entscheidenden Kontext auch nicht.

Keine Frage, man muß sich als Historiker zurechnen und vorhalten lassen, was man seinerseits schrieb. In vielen Fällen haben sich gerade Historiker des zwanzigsten Jahrhunderts durch politisch bedingte Fehlleistungen hoffnungslos diskreditiert. Keine Frage auch, daß viele durch Wahrnehmung herrschaftlicher Funktionen, durch Teilnahme an Repressionen und durch praktische Verletzung zentraler Prinzipien der Wissenschaft unakzeptabel geworden sind. Im Interesse wissenschaftlicher Leistungsfähigkeit und politischer Integrität sind Ausgrenzungen notwendig. Auch bei der Auswahl des Personals für den FSP bestand daran kein Zweifel.

In anderen Fällen ergibt sich ein gemischter Befund: Professionelle Leistungsfähigkeit und Belastungen geringen oder mittleren Grades gehen oft Hand in Hand. Man lebte und arbeitete in einer Diktatur, kaum einen der Älteren hat dies ganz unbeschädigt gelassen. Oppositionelle Historiker vor 1989 kann man kaum finden, auch unsere beiden Kritiker gehören nicht dazu. Wie häufig oder massiv müssen wissenschaftliche Verzerrungen gewesen sein, um einen Historiker trotz eines im übrigen ansehnlichen Gesamtwerks anerkannter Qualität hoffnungslos zu diskreditieren? Soll die Wahrnehmung ehrenamtlicher Parteifunktionen auf Zeit per se Ausschlußkriterium sein? Wie soll man offensichtlichen Wandel seit 1989 in Rechnung stellen? Dies ist ein Gebiet schwieriger Abwägung.

Man wird anders entscheiden, je nachdem ob es sich um die Besetzung von Professuren und Leitungsstellen handelt oder aber – wie hier – um die Besetzung untergeordneter Zeitstellen, ohne jede Anordnungsbefugnis und ohne jedes Privileg. Man wird sehr genau zu prüfen versuchen, ob die Gewähr besteht, daß sich der oder die Betreffende zukünftig vorbehaltlos auf die Regeln des wissenschaftlichen Diskurses einläßt, auf Kritik und Selbstkritik, auf Bereitschaft zur Revision eigener Positionen angesichts neuer Evidenz oder besserer Argumente. Man wird versuchen, die damaligen Verhältnisse und Handlungsspielräume zu erkennen und damaliges Verhalten zwar moralisch-politisch, aber auch historisch zu beurteilen.

In Zweifelsfällen wird man auf die Kraft der wissenschaftlichen Diskussion vertrauen, die nicht mehr nach den Regeln des alten Systems, sondern nach denen freier Wissenschaft abläuft, sehr unterschiedliche Positionen einbeziehen muß und langfristig aufklärende Wirkung haben kann. Auch Wissenschaftler können lernen. Wenn man will, daß sie ihre Vergangenheit kritisch bearbeiten, muß man ihnen die Möglichkeit dazu geben. Wenn sie den für sie neuen Kontext von radikaler Pluralität und Kritik akzeptieren, können sie in die Forschung Wichtiges einbringen, was der Neuankömmling aus dem Westen leicht übersieht und nur schwer erkennt.

Nur in der Zusammenarbeit zwischen West- und Ostdeutschen wird sich Verständigung über die zusammenhängende Geschichte der beiden deutschen Gesellschaften erreichen lassen – ein wichtiger Beitrag der Geschichtswissenschaft zur langwierigen inneren Wiedervereinigung. Die

Spannung zwischen konträren lebensgeschichtlichen Erfahrungen und unterschiedlichen vorwissenschaftlichen Einstellungen kann wissenschaftlich sehr produktiv sein, wenn es gelingt, sie in methodisch disziplinierte Diskussion umzusetzen. Der FSP versucht eben dies.

Die offene und selbstkritische Reflexion auf die eigene Vergangenheit ist allerdings von jedem Teilnehmer an diesem Diskurs zu fordern – nicht nur aus moralisch-politischen, sondern auch aus wissenschaftlichen Gründen. Es ist nicht »unfein«, Verfehlungen und Verstrickungen der Vergangenheit aufzudecken und ihre Benennung, Erklärung und Reflexion zu verlangen. Das entspricht vielmehr wissenschaftlicher Redlichkeit ebenso wie den Erfordernissen demokratischer politischer Kultur. Noch weniger als im politischen Leben hat Schlußstrichdenken in der Geschichtswissenschaft Platz. Historiker haben der methodisch kontrollierten Erinnerung, nicht aber dem Vergessen oder Verdrängen zu dienen. Im FSP Zeithistorische Studien versucht man, diesen Grundsätzen zu entsprechen.

Der FSP ist einer der wenigen Orte, an dem Ost- und Westdeutsche sehr verschiedener Orientierung die Geschichte der DDR wissenschaftlich erforschen, während sich ansonsten die verschiedenen Diskussionszirkel zunehmend voneinander separieren. Der FSP wird empirische Ergebnisse vorlegen, an denen er gemessen werden sollte.

Erschienen unter dem Titel: »Auch Wissenschaftler können lernen. Der Forschungsschwerpunkt Zeithistorische Studien in Potsdam. Eine Entgegnung«, in: Frankfurter Allgemeine Zeitung, 25. August 1993, S. 31.

Von der Verantwortung der Zeithistoriker

Die Beschäftigung mit der jüngsten Geschichte muß meist ohne den abkühlenden Schutz der Distanz auskommen, mit der die Untersuchung weiter zurückliegender Geschichtsepochen rechnen kann. Zeithistoriker bearbeiten Zeitabschnitte, deren Gestalter und Opfer, Gewinner und Verlierer, Beobachter und Zeugen noch leben. Deshalb nehmen persönliche Betroffenheit und Erinnerung, Rechtfertigungs- und Anklagebedürfnisse, Wünsche nach Abrechnung, Sühne und Versöhnung, moralisches und politisches Engagement viel unmittelbarer auf die Arbeit Einfluß als etwa auf die Erforschung ferner liegender Gebiete. Die Deutung der jüngsten Vergangenheit spielt für das Selbstverständnis einer Gegenwart meist eine größere Rolle als die Rekonstruktion ihrer weiter zurückliegenden Vorgeschichte.

Diesen allgemeinen Zusammenhang erlebt man gegenwärtig in besonderer Zuspitzung. Beim Umgang mit der DDR-Vergangenheit gehen Geschichte und Politik ungewöhnlich enge Verbindungen ein. Eine *Gemengelage* ist entstanden, die – gemessen an der Intensität der gegenseitigen Durchdringung von Gegenwartspolitik und Zeitgeschichte – in der Bundesrepublik bis 1989/90 keine Parallele hatte. Der Umgang mit der ersten deutschen Diktatur hat es jedenfalls nie zu diesem Maß an öffentlicher Aufmerksamkeit, politischer Prominenz und gezielter institutioneller Unterstützung gebracht.

Die ungewöhnlich enge Verbindung von Gegenwartspolitik und Zeitgeschichte im Umgang mit der DDR-Vergangenheit zeigt sich in vielerlei Weise: am großen Interesse der Öffentlichkeit an Schriften und Veranstaltungen zur DDR-Geschichte, speziell zur Geschichte der Repression und hier der »Staatssicherheit«; an der Verwendung von zeitgeschichtlichen Informationen als Munition in tagespolitischen Auseinandersetzungen; an einem hohen Grad der Moralisierung des Umgangs mit der DDR-Geschichte; und in der Entwicklung neuer institutioneller Formen für die Bearbeitung der DDR-Vergangenheit.

In der mit großem Einsatz von Personal und Finanzen arbeitenden Enquete-Kommission des Deutschen Bundestages zur Aufarbeitung von Geschichte und Folgen der SED-Diktatur vermischen sich politische Willensbildungs- und wissenschaftliche Wahrheitsfindungsprozesse auf eigentümliche Weise, die in der hierzulande vorherrschenden Tradition der institutionellen Trennung von Wissenschaft und Politik einen auffälligen Fremdkörper darstellt. Auch behördeninterne geschichtswissenschaftliche Forschung war in Deutschland aus guten Gründen immer die Ausnahme. Daß die Gauck-Behörde eine vergleichsweise große historische Forschungsabteilung besitzt, die nicht nur Dienstleistungen bei der Erschließung der Stasi-Akten erbringt, sondern mit erheblichem Mitteleinsatz weit ausgreifende Forschungen zur Geschichte des Ministeriums für Staatssicherheit und – darüber hinaus – der DDR betreibt, muß ebenfalls als ungewöhnliche Neuentwicklung gelten, die sich dem besonderen Interesse der Politik an der DDR-Geschichte und ihrer Deutung verdankt.

Vor diesem Hintergrund ist wohl auch zu verstehen, daß sich die Leitung der Freien Universität Berlin dazu entschlossen hat, an den für historisch-politikwissenschaftliche

Fragen zuständigen, aber offensichtlich wenig bewegungsfähigen Fachbereichen vorbei eine neue Form der zentralen Forschungsförderung zu betreiben und den »Forschungsverbund SED-Staat« zu errichten, für den die rasche Veröffentlichung neuer Quellenfunde in politischer Absicht ein wichtiges Ziel darstellt.

Aus der Perspektive des Berufshistorikers fehlt es der Situation nicht an bedenklichen Begleiterscheinungen. Wenn jede beteiligte parlamentarische Partei in der Enquete-Kommission »ihre« Historiker ins Feld führt und wenn über die Akzeptanz von wissenschaftlichen Expertisen nach parlamentarischem Brauch abgestimmt wird, nachdem ihrer Verteilung Prozesse mühsamen Aushandelns vorausgingen, steht das in gewisser Spannung zum Selbstverständnis einer Wissenschaft, die selbstbestimmt, nach eigenen Regeln und primär der Wahrheit verpflichtet zu arbeiten beansprucht.

Die eilfertige Bereitstellung tagespolitisch verwendbarer Enthüllungshistorie in Form kaum verarbeiteter und deshalb leicht instrumentalisierbarer Aktenfunde ist dem Ansehen der historischen Wissenschaften in der Öffentlichkeit nicht gerade förderlich. Und man ahnt die der Situation eigenen Gefahren, wenn man beobachtet, wie politischer Eifer auch gestandene Historiker dazu verführt, die Regeln abwägender Argumentation zu verletzen und unter Niveau zu polemisieren, so zuletzt Konrad Repgen im Organ des *Bundes Freiheit der Wissenschaft* zur Frage: »Wer soll unsere Zeitgeschichte erforschen?«

Bei Leidtragenden der SED-Diktatur drängt der aus langen Verletzungs- und Benachteiligungserfahrungen stammende Zorn zur Abrechnung, verständlicherweise. Der wissenschaftlichen Produktivität mag das nützen, indem es zu umfangreichen Recherchen motiviert. Das abwägende Urteil wird dadurch aber erschwert. Umgekehrt führen Ausgrenzungen und Pauschalverurteilungen seit 1990 manchen aus der DDR stammenden Historiker in neue Abwehrhaltungen hinein, die einer vorbehaltlosen und kritischen Sicht auf die DDR-Vergangenheit wenig dienlich sind. Im Getümmel des geschichtspolitischen Kampfes hat es die nüchtern differenzierende Geschichtswissenschaft bisweilen schwer. Aber die Situation bietet ihr auch besondere Chancen.

Zum einen: Das Interesse der Gegenwart an der DDR als Geschichte, die weitreichende Aufhebung der gängigen Sperrfristen für zeithistorische Dokumente, die ungewöhnliche Zugänglichkeit reichen Quellenmaterials zur Dokumentation der Geschichte bis hart an die Gegenwart heran und die Bereitstellung erheblicher Forschungsmittel haben die Geschichte der DDR zu einem boomenden Wachstumssektor gemacht. 759 laufende Forschungsprojekte hat der Mannheimer »Arbeitsbereich DDR-Geschichte« registriert. Detaillierte Spezialarbeiten, aus Archiven erarbeitet, liegen vor. Begriffs- und Theoriediskussionen wären nötig. Mehr Koordination wäre zu wünschen. Die Grundlinien neuer Synthesen sind noch nicht recht zu sehen.

Der genaue Blick aus nächster Nähe scheint vorzuherrschen, der distanzierende und einordnende Blick aus größerer Distanz im Vergleich mit anderen Systemen, aus europageschichtlicher oder aus diktaturengeschichtlicher Perspektive ist eher die Ausnahme. Was die Erforschung der DDR-Geschichte für die Geschichte der Bundesrepublik, Deutschlands im 20. Jahrhundert, Europas, des Sozialismus und so weiter insgesamt bedeutet, wird sich erst allmählich herausstellen.

Zum anderen: Die gegenwärtige Situation bietet den Historikern auch praktisch-politisch besondere Wirkungsmöglichkeiten. Wenn sie sich nicht in den Elfenbeinturm zurückziehen und die öffentliche Auseinandersetzung nicht scheuen, können sie durch Geltendmachung geschichtswissenschaftlicher Grundsätze dazu beitragen, daß die notwendige Auseinandersetzung mit der DDR-Vergangenheit nicht das Klima vergiftet, sondern mit Augenmaß, Genauigkeit und Gerechtigkeit erfolgt.

Wer die Grundsätze historischer Arbeit ernst nimmt, läßt sich nicht so leicht für den politischen Tageskampf und die mediale Verwertung instrumentalisieren. Aber die Historiker haben in den letzten Monaten zu häufig vornehm geschwiegen. Sie sollten Grundsätze des öffentlichen Umgangs mit zeithistorischen Dokumenten formulieren und in der Öffentlichkeit dafür eintreten. Unter anderem könnte es sich um folgende Grundsätze handeln:

1. Quellenkritik. Fast jede Quelle ist einseitig. Wann immer möglich, sind Quellen (wie Aktennotizen, Sitzungsprotokolle, Gesprächsberichte und Briefe) gegen andere Quellen dieser oder anderer Art zu halten, an ihnen zu prüfen, durch sie zu ergänzen und zu relativieren. Quellen sind durch die Interessen, Perspektiven und Wahrnehmungsgrenzen ihrer Autoren geprägt. Noch die authentischste Quelle bedarf der Bearbeitung und Interpretation, wenn sie nicht irreführen soll.

2. Kontext. Die Äußerungen und Handlungen von Zeitgenossen sind in ihren Zusammenhängen darzustellen. Wer Zusammenhänge rekonstruiert, fragt nach dem, was eine bestimmte Person sonst noch sagte und tat, bemüht sich um Rekonstruktion ihrer Motive, sucht Handlungsspielräume und -bedingungen ebenso festzustellen wie Handlungsfolgen und Nebenfolgen, rückt Kooperationen und Gegenspieler ins Bild. Wer aus dem Zusammenhang reißt, führt in die Irre.

3. Historische Differenzen. Wer über ferne Kulturen in weit zurückliegenden Zeiten arbeitet, weiß, wie notwendig es ist, die Differenz zwischen dem Erfahrungs- und Erwar-

tungsstand der eigenen Gegenwart und dem Erfahrungs- und Erwartungsstand der untersuchten Kultur ständig in Rechnung zu stellen. Wenn man über das eigene Land oder das Nachbarland gleicher Nationalität im vergangenen Jahrzehnt arbeitet, vergißt man das offenbar leicht. Das führt zu Verzerrungen.

4. Der Nationalstaat und das Recht der Alternative. In der öffentlichen Debatte zeichnet sich ein neuer Dogmatismus des Nationalen ab. Ich meine nicht den extremen Nationalismus, der sich zum Glück weiter in engen Grenzen hält. Ich meine die selbstsichere Selbstverständlichkeit, mit der Politiker und Kommentatoren verschiedenster Couleur die nationalstaatliche Organisation der modernen Gesellschaft als unbefragbare Norm unterstellen und davon abweichende Positionen nicht nur als realitätsfern und in den Prognosen widerlegt, sondern auch als moralisch bedenklich und prinzipienlos vorführen zu können glauben.

Es ist einzuräumen, daß sich 1989/90 das nationale Prinzip auch in Deutschland mit einer Kraft und Selbstverständlichkeit durchsetzte, die früher vereinzelt geäußerten Hoffnungen auf eine postnationale Organisation Europas ebenso die Basis entzog wie den verbreiteten Befürchtungen vor dem Verlust der nationalen Identität der Deutschen. Aber das heißt doch nicht, daß man nicht mit sehr guten Gründen über die Jahrzehnte hinweg für die Existenz mehrerer deutschsprachiger Staaten in Europa eintreten konnte oder durfte. Es war durchaus möglich und häufig, zugleich gegen den diktatorischen Charakter der DDR und für die Existenz zweier deutscher Staaten einzutreten.

In unserem Teil der Welt ist es langfristig noch nie gelungen, drei Ziele zugleich zu verwirklichen: den starken Nationalstaat, die freiheitlich-demokratische Ordnung im Innern und Friedfertigkeit nach außen. Wer das wußte und weiß, wer die bis 1989/90 bestehende Ost-West-Spaltung und die ihr eigenen Kriegsgefahren in Rechnung stellte, wer überdies die Barbarisierung nicht verdrängte, zu der in Deutschland und anderswo die radikale Verwirklichung des Nationalprinzips geführt hat, für den lag es auch aus moralischen Gründen sehr nahe, sich postnationalstaatlichen Ordnungsvorstellungen zuzuwenden. Auch heute ist es falsch, den Nationalstaat als die natürliche Organisationsform moderner Gesellschaften anzusehen. Auch heute ist es noch legitim, an der Zielvorstellung einer postnationalen Ordnung festzuhalten. Historikern obliegt es, die Notwendigkeit und das Recht kontroverser und konkurrierender Ordnungsvorstellungen auch auf diesem Gebiet herauszuarbeiten und darzustellen. Für einen angemessenen Umgang mit der deutschen Geschichte 1945–90 ist dies entscheidend.

5. Der Vergleich mit dem Nationalsozialismus. Es ist legitim und nützlich, die NS-Diktatur und die SED-Diktatur zu vergleichen. Zu beiden Systemen gehörte die systematische Verletzung von Menschen- und Bürgerrechten, die mangelnde Verfassungs- und Rechtsstaatlichkeit, die fehlende Begrenzung der Staatsmacht. Es fehlten die Absicherung relativ autonomer gesellschaftlicher Teilbereiche und der Schutz privater Räume.

Aber zum Vergleich gehört die Benennung von Ähnlichkeiten und Unterschieden. Es ist nicht zu bezweifeln, daß zwischen Nazi-Deutschland und der DDR ganz erhebliche, sehr ins Gewicht fallende Unterschiede bestanden, und zwar gerade auf solchen Gebieten, auf denen sich die Unmenschlichkeit des NS-Systems besonders kraß entfaltete. Weder hat es in der DDR systematische, staatlich gelenkte Massenmorde gegeben, die auch nur entfernt der nationalsozialistischen Vernichtung der Juden und anderer als »volksfremd« und schädlich erklärter Minderheiten geähnelt hätten. Noch ist von der DDR ein Weltkrieg ausgegangen. Das Nazi-System war ganz und gar hausgemacht, das SED-Regime verdankte sich zum erheblichen Teil sowjetischer Hegemonialpolitik.

Nur wer die Differenz zwischen den beiden deutschen Diktaturen im Auge behält, wird die verschiedenen Varianten ostdeutschen Verhaltens – die von der überzeugten Unterstützung über bedenkenlose Anpassung bis hin zu Resistenz und seltenem Widerstand reichten – und die verschiedenen Varianten westdeutschen Verhaltens gegenüber der DDR von anti-kommunistischer Totalablehnung über friedens- und reformorientierte Realpolitik bis hin zu Kooperation und Anbiederung historisch und moralisch richtig einordnen können.

Die Pflicht der Historiker ist es, zu differenzieren. Ihnen muß es um die Nuancen gehen, um die Grautöne zwischen Schwarz und Weiß, um die Mehrdeutigkeit und Proportionen. Indem sie dies öffentlich und mit Engagement verfechten, entsprechen sie nicht nur den Regeln ihrer Wissenschaft, sondern tragen auch zur Festigung einer demokratischen und freiheitlichen politischen Kultur in Deutschland bei.

Erschienen unter dem Titel: » Von der Verantwortung der Zeithistoriker. Das Interesse an der Geschichte der DDR ist – auch – Munition in der Tagespolitik« in: Frankfurter Rundschau, 3. Mai 1994, S. 10. Eine erweiterte Fassung erschien unter dem Titel: Chance und Herausforderung. Aufgaben der Zeitgeschichte beim Umgang mit der DDR-Vergangenheit, in: Bernd Faulenbach u. a. (Hg.), Die Partei hatte immer recht – Aufarbeitung von Geschichte und Folgen der SED-Diktatur, Essen 1994, S. 239–249.

PERSPEKTIVEN: ZIVILGESELLSCHAFT UND GESCHICHTE DER ARBEIT

Die Zivilgesellschaft und die Rolle der Politik.
Thesen und Fragen

Ein altes Konzept und seine merkwürdige Wiedergeburt

Der Begriff der Zivilgesellschaft ist alt. Zu einem zentralen Begriff der politischen Sprache und der sozialwissenschaftlichen Literatur ist er aber erst in den letzten zwanzig Jahren geworden. Warum hat der Begriff, der in den ersten Dreivierteln des 20. Jahrhunderts fast vergessen war, gegenwärtig solch eine Hochkonjunktur?

Der Begriff – civil society, société civile, Zivilgesellschaft, auf deutsch auch Bürger- oder manchmal bürgerliche Gesellschaft – erhielt seine Prägung in der alteuropäischen Diskussion, speziell im 17. und 18. Jahrhundert, und zwar primär durch Autoren der Aufklärung. John Locke, Ferguson, Montesquieu, Immanuel Kant und viele andere haben Unterschiedliches beigetragen.

»Zivilgesellschaft« war im Aufklärungsdiskurs positiv besetzt und stand für den damals utopischen Entwurf einer zukünftigen Zivilisation, in der die Menschen als mündige Bürger friedlich zusammenleben würden, als Privatpersonen in ihren Familien und als Bürger (citizens) in der Öffentlichkeit, selbständig und frei, in Assoziationen kooperierend, unter der Herrschaft des Rechts, aber ohne Gängelung durch den Obrigkeitsstaat, mit Toleranz für kulturelle, religiöse und ethnische Vielfalt, aber ohne all zu große soziale Ungleichheit, jedenfalls ohne ständische Ungleichheit herkömmlicher Art. Dieser Entwurf war der Wirklichkeit weit voraus und sollte es bleiben. Allmählich definierte man »Zivilgesellschaft« in Absetzung vom Staat, vom damals meist noch absolutistischen Staat, also mit anti-absolutistischer Spitze. Dies traf mehr für den Kontinent zu als für Großbritannien.

Unter dem Eindruck des sich durchsetzenden Kapitalismus und der beginnenden Industrialisierung kam es in der ersten Hälfte des 19. Jahrhunderts zu einer Umdefinition, z. B. bei Hegel und Marx. Zivilgesellschaft wurde nun dem Staat scharf entgegengesetzt, zum System der Bedürfnisse, der Arbeit, des Marktes und der Partikularinteressen verengt und als »bürgerliche Gesellschaft« identifiziert, als Sphäre der Dominanz des Bürgertums bzw. der Bourgeoisie. Im Deutschen wurde der traditionell positive Begriff »Zivil-« oder »Bürgergesellschaft« durch den Begriff »bürgerliche Gesellschaft« verdrängt, der bis ins späte 20. Jahrhundert vor allem kritisch und polemisch gebraucht worden ist. Insgesamt trat der Begriff »Zivilgesellschaft« (auch civil society, société civile) nun in den Hintergrund und spielte bis ca. 1980 nur eine marginale Rolle.

Seit etwa 1980 erlebt der Begriff »Zivilgesellschaft« ein fulminantes *Comeback*, zunächst vor allem in Ostmitteleuropa mit anti-diktatorischer Stoßrichtung, wohl auch in sozialen Bewegungen Lateinamerikas, dann auch in der westeuropäischen und nordamerikanischen Diskussion. Mittlerweile wird der Begriff weltweit in den verschiedenen Kreisen und politischen Milieus verwendet, fast immer mit positiver Konnotation.

Die merkwürdige Karriere des Begriffs weist möglicherweise darauf hin, daß Ideen der Aufklärung des 18. Jahrhunderts am Ende des 20. Jahrhunderts neue Aktualität gewinnen. »Zivilgesellschaft« gewann neue Attraktivität im siegreichen Kampf mit den Diktaturen, die im 20. Jahrhundert die eklatanteste Verneinung von Zivilgesellschaft darstellten. Der Aufstieg des Begriffs reflektiert überdies eine sich ausbreitende Skepsis gegenüber der Dominanz und Ubiquität des Staates, der als Sozial- und Interventionsstaat auch im Westen an Grenzen seiner Leistungskraft zu stoßen schien und in Legitimationsschwierigkeiten geriet. Hinter dem neuen Glanz von »Zivilgesellschaft« stehen schließlich neue Ansprüche wichtiger Teile der wohlhabender, gebildeter und selbstorganisationsfähiger gewordenen Gesellschaft.

Unterschiedliche Bedeutungen – vielfältiger Gebrauch

Der Begriff »Zivilgesellschaft« ist häufig unscharf. Man hat ihn mit einem Pudding verglichen, der sich nicht an die Wand nageln läßt. Von Anfang an besaß der Begriff deskriptiv-analytische wie auch präskriptiv-normative Dimensionen. Er dient einerseits Sozialwissenschaftlern als analytisches Werkzeug, andererseits der politischen Rhetorik als Signalbegriff, bisweilen als Slogan. Dieser zwiespältige Status des Begriffs ist Chance und Bürde zugleich. Der Begriff läßt sich politisch ganz unterschiedlich einsetzen: mit liberaler Füllung (Shils, Dahrendorf), kommunitaristisch (Walzer, Taylor), radikal-demokratisch und mit Betonung der diskursiven Öffentlichkeit (Arato, Habermas), aber auch neo-liberal oder konservativ (G. Himmelfarb). Auch eine sozialdemokratische Deutung der »Zivilgesellschaft« entwickelt sich, Gerhard Schröder hat sie sich neulich zu eigen gemacht.

Die genaue Abgrenzung von »Zivilgesellschaft« variiert, aber hier ist eine Definition, die nicht untypisch ist: »Civil society ... both describes and envisages a complex and dynamic ensemble of legally protected non-governmental institutions that tend to be non-violent, self-organizing, self-reflexive, and permanently in tension with each other and with the state institutions that ›frame‹, constrict and enable their activities« (John Keane).

Dementsprechend ist »Zivilgesellschaft« der Raum gesellschaftlicher Selbstorganisation zwischen Staat, Ökonomie und Privatheit, die Sphäre der Vereine, Zirkel, sozialen Beziehungen und Non-Government-Organizations (NGOs), ein Raum der öffentlichen Diskurse, Konflikte und Verständigungen, die Sphäre der Selbständigkeit von Individuen und Gruppen, ein Bereich der Dynamik, Initiativen und Veränderungen. Zivilgesellschaftliche Arbeit im Ehrenamt (»Bürgerarbeit«) spielt eine große Rolle. Von der Förderung und Stärkung dieser Sphäre wird, jedenfalls von den Verteidigern der Zivilgesellschaft, die Erfüllung verschiedener politischer Ziele erwartet: größere Mündigkeit der Bürger, die Inklusion von Randgruppen, Entlastung und Kontrolle des Staats, gesellschaftliche Einbindung der sich verselbständigenden Marktwirtschaft und breite Mobilisierung für das Gemeinwohl, so unterschiedlich es in einer pluralen Gesellschaft auch verstanden wird.

Damit wird »Zivilgesellschaft« zu einem Zentralbegriff prinzipieller politischer Zielvorstellungen und Programme. Ähnlich wie in der anglo-amerikanischen Debatte über den »Dritten Weg« kann es in der Debatte über »Zivilgesellschaft« um die grundsätzliche Neubestimmung des Verhältnisses von Politik, Gesellschaft und Wirtschaft gehen, um die moralischen Grundlagen der Politik, um das Gemeinwesen insgesamt, um Ziele, Gefahren und Chancen der Zukunft. Dabei zeigt sich, daß das Projekt »Zivilgesellschaft« seinen früheren utopischen Gehalt noch immer nicht ganz verloren hat.

Zivilgesellschaft und Staat

Zunächst ist zu bedenken, daß »Zivilgesellschaft« Verschiedenes bedeutet, je nachdem, ob sie sich in vor- bzw. antidemokratischen Herrschaftssystemen oder im Rechts- und Verfassungsstaat zur Geltung bringen will. Als kritische Idee und oppositionelle Kraft entstand die »Zivilgesellschaft« im Zeitalter des Absolutismus, und im Kampf gegen die Diktaturen des 20. Jahrhunderts gewann sie neue Attraktivität. Dagegen muß ihr Verhältnis zum Staat unter parlamentarisch-demokratischen Bedingungen anders bestimmt werden: als ein Verhältnis kritischer Partnerschaft und gegenseitiger Bestärkung. Neoliberale, kommunitaristische und sozialdemokratische Konzepte der »Zivilgesellschaft« unterscheiden sich in der Art, wie sie das Verhältnis von Zivilgesellschaft und Staat bestimmen. Aus sozialdemokratischer Sicht wird man betonen, daß eine starke Zivilgesellschaft einen starken Staat benötigt, und umgekehrt.

Denn *einerseits:* Um sich entfalten zu können, benötigt die Zivilgesellschaft politische Institutionen, die – in der einen oder anderen Weise – die Kriterien des Rechts- und Verfassungsstaats erfüllen, demokratische Partizipation erlauben, Grundsatzfragen entscheiden, Rahmenbedingungen setzen sowie schützend, fördernd und schlichtend eingreifen. Nur im demokratischen Staat findet die in sich vielfältige Zivilgesellschaft ihre notwendige Einheit. Ohne einen politischen Rahmen dieser Art kann »Zivilgesellschaft« nicht gedeihen. NGOs sind kein Ersatz. *Andererseits* ist es die Zivilgesellschaft, die den Rechts- und Verfassungsstaat prägt, mit Leben erfüllt, dynamisiert und zur Rechenschaft zwingt. Die dynamischen Teile der Zivilgesellschaft führen dem Gemeinwesen die nötige Energie und Beweglichkeit zu. Durch Stärkung der Zivilgesellschaft stärkt der Staat auch sich selbst.

Doch resultiert das gegenwärtige Interesse an der Zivilgesellschaft teilweise aus der Erfahrung, daß der Staat als So-
zial- und Interventionsstaat überfordert sei bzw. mehr als
notwendig vorsorgt und gängelt; daß er sich schwächt, wenn
er zuviel reguliert oder regulieren will; daß die Aufgabenver-
teilung zwischen Staat und Gesellschaft neu bedacht werden
muß; daß »Politik« mehr als »Staat« ist und sein soll; daß ein
starker Staat ein solcher ist, der sich konzentriert und die
Zivilgesellschaft fördert.

Allerdings gibt es hier viele offene Probleme. Zum einen:
Wie und nach welchen Kriterien sind die Aufgaben zwischen Staat und Zivilgesellschaft abzugrenzen? Wieweit
trägt das Prinzip der Subsidiarität und was heißt es genau?
Zum andern: In der Zivilgesellschaft gibt es auch fundamentalistische, fremdenfeindliche, ausschließlich egoisti-
sche, reformfeindliche und in anderer Weise problemati-
sche Strömungen und Gruppen. Es wäre gefährlich, davor
die Augen zu schließen und »Zivilgesellschaft« zu glorifi-
zieren. Die Stärkung der Zivilgesellschaft durch einen sich
zurücknehmenden Staat kann deshalb politisch sehr zwei-
schneidig und riskant sein. Kann der Staat bei der oft be-
schworenen »Ermächtigung« der Zivilgesellschaft selektiv
vorgehen, ohne sich zu widersprechen? Jedenfalls darf die
Stärkung der Zivilgesellschaft nicht dazu führen, daß sich
der demokratische Staat vor der Wahrnehmung seiner zentralen Aufgaben drückt. Im übrigen bestehen in dieser Hinsicht große Unterschiede von Land zu Land, dank unterschiedlicher Geschichte.

Zivilgesellschaft und Marktwirtschaft

Die Sphäre des Marktes, der Wirtschaft, der Ökonomie begriffen klassische Autoren wie Smith, Ferguson, Hegel und Marx als zentrale Bestandteile der Zivilgesellschaft bzw. der »bürgerlichen Gesellschaft«. Dagegen wird heute meistens Zivilgesellschaft enger gefaßt und von der Ökonomie, von der Welt der Unternehmen und des Kapitalismus begrifflich unterschieden. Niemand bezweifelt aber, daß das Verhältnis von Ökonomie und Zivilgesellschaft von zentraler Bedeutung ist.

Zwischen Marktwirtschaft und Zivilgesellschaft besteht viel Affinität. Die Entstehung und der Erfolg von Marktwirtschaften werden einerseits durch zivilgesellschaftliche Strukturen zumindest erleichtert, wenn nicht gar ermöglicht. Denn zu diesen gehören sozialer Zusammenhalt, Vertrauen und soziales Kapital, die die Marktwirtschaft stützen, von dieser allein aber nicht hervorgebracht werden können. Die schwierige Einführung der Marktwirtschaft in Ländern ohne gewachsene zivilgesellschaftliche Tradition (z. B. Rußland) bezeugt dies ex negativo. Andererseits zeigen historische Vergleiche, daß die Zivilgesellschaft nicht mit allen Wirtschaftsformen vereinbar ist. Fehlt die für funktionierende Marktwirtschaften typische Dezentralisation von Entscheidungen und Macht, hat die Zivilgesellschaft schlechte Karten.

Aber gerade aus sozialdemokratischer Perspektive wird man umgekehrt die Differenz und die Spannung zwischen Marktwirtschaft und Zivilgesellschaft betonen, in Absetzung von neoliberalen Positionen. Die heutige Attraktivität des Zivilgesellschaft-Konzepts resultiert nicht nur aus dem Unbehagen über den an seine Grenzen geratenden, sich überfordernden oder anders in Legitimationskrisen geratenden Staat. Sie resultiert auch aus der Hoffnung, daß man mit den Prinzipien und den Mitteln der Zivilgesellschaft dem sich unbändig entfaltenden, weltweit siegreichen Kapitalismus etwas entgegensetzen kann. Eindeutig gilt: Die Zivilgesellschaft ist keine Marktgesellschaft. Ihre auf Diskurs, Konflikt und Verständigung, Solidarität und Politik setzende Logik unterscheidet sich von der Logik des Marktes, die auf Wettbewerb, Tausch und individuellem Gewinn beruht. Wenn sich die Prinzipien des Marktes über die Wirtschaft hinaus in den sozialen Beziehungen, der kulturellen Praxis und der Lebenswelt breit machen, bedrohen sie die Zivilgesellschaft und höhlen sie aus.

Das Verhältnis von Zivilgesellschaft und Kapitalismus ist also mehrdeutig, historisch variabel und gestaltungsbedürftig.

Gegenwärtig ist ein präzedenzloser Siegeslauf des Kapitalismus zu beobachten, mit weltweiter Erstreckung und Auswirkung in zahlreiche Lebensbereiche hinein. Während die Wirtschaft dem Leben der Menschen dienstbar sein sollte, tendiert sie zur Verselbständigung nach eigenen Regeln und Zielen, im globalen Maßstab. Damit stellen sich Steuerungsaufgaben, die bekanntlich durch staatliche Intervention nur schwer zu erfüllen sind. Kann – neben den notwendigen staatlichen Interventionen – die Zivilgesellschaft mäßigend und orientierend auf das marktwirtschaftliche Geschehen einwirken, ohne dessen Leistungsfähigkeit zu behindern? In den Gemeinden, durch neue Beteiligungs- und Mitbestimmungsformen und durch neue Arten des Unternehmertums mit sozialer Verantwortung?

Gemeinsinn und seine Bedingungen

Im Kern der Zivilgesellschaft steht das Engagement der Bürger und Bürgerinnen (citizens). Eine zureichende Zahl von ihnen muß bereit sein, die Wahrnehmung der eigenen Interessen mit dem Einsatz fürs Gemeinwohl zu kombinieren, so unterschiedlich sie es verstehen. Eine genügende Anzahl von ihnen muß bereit sein, die Wahrnehmung von Rechten und Ansprüchen mit der Wahrnehmung von Pflichten und Leistungen zu verknüpfen, mit zivilgesellschaftlicher Arbeit im Ehrenamt, im Verein, in der Bürgerinitiative. Wie weckt und verstärkt man diese Bereitschaft? Welche Rolle spielt die Erziehung? Welchen Typ von Familie braucht die Zivilgesellschaft? Welchen Typus von Medien? Welche Anreize kann die Politik bieten, welche Entmutigungen soll sie vermeiden? Eine Kultur der Selbständigkeit, der Kooperation und des Engagements ist gewünscht, die keinesfalls selbstverständlich ist und von vielen Faktoren abhängt, die von Land zu Land variieren. Wie hilft man mit, sie zu stärken oder zumindest ihre drohende Erosion zu verhindern?

Eines scheint übrigens klar: Arbeit im Ehrenamt ist *keine Alternative* zur Erwerbsarbeit. Zivilgesellschaftliches Engagement ist am ehesten von gebildeten Bürgern (citizens) zu erwarten, die Beruf und Arbeitsplatz besitzen, von diesen allerdings nicht aufgefressen werden. Massenarbeitslosigkeit stellt eine große Gefahr für die Zivilgesellschaft dar.

Überhaupt stellt sich die Frage, wie viel soziale und ökonomische Ungleichheit die Zivilgesellschaft innerhalb ihrer selbst und im internationalen Maßstab vertragen kann, ohne zur Karikatur ihrer selbst zu verkommen. Zivilgesellschaft ist ein anspruchsvolles Projekt, das von den Teilnehmern einiges verlangt: Selbstbewußtsein, Artikulationsfähigkeit, Solidarität, »social skills«, Engagement, den Blick über den eigenen Tellerrand hinaus. Wer ökonomisch und sozial auf der Schattenseite lebt, wird über solche Qualitäten in der Regel weniger verfügen als der gesicherte, wohlhabende, gebildete Angehörige der Mittel- oder Oberschicht. Aus sozialdemokratischer Perspektive muß es also darum gehen, möglichst viele Menschen »zivilgesellschaftsfähig« zu machen. Das gilt innerhalb der einzelnen Gesellschaft wie erst recht im globalen Maßstab.

Transnationalität: drei Fragen

Soweit es in den letzten zwei Jahrhunderten gelungen ist, die Prinzipien der Zivilgesellschaft zu realisieren, gelang dies im Rahmen von Nationalstaaten, wenngleich längst nicht alle Nationalstaaten der Entwicklung zivilgesellschaftlicher Strukturen günstig waren und sind. Besteht die Chance, zivilgesellschaftliche Strukturen im transnationalen Raum zu etablieren? Diese Frage wird kontrovers beantwortet. Mit Bezug auf die sich erweiternde Europäische Union ist sie besonders aktuell.

Benjamin Barber und andere haben die Hoffnung ausgedrückt, daß zukünftig die internationale Politik zwischen den Ländern nicht nur von den darauf spezialisierten Institutionen und Eliten praktiziert wird, sondern auch von zivilgesellschaftlichen Vereinigungen und Initiativen, von Bürgerengagement und der Civil Society. Mittlerweile liegen zahlreiche Erfahrungen mit NGOs in der internationalen Politik vor. Wie steht es mit den Möglichkeiten und den Grenzen von NGOs in der internationalen Politik? Wie begründet sich ihre Legitimation zum Eingreifen? Wie beurteilt man ihre Wirkungen? Die Zivilgesellschaft besitzt auch andere Möglichkeiten, sich international Geltung und Einfluß zu verschaffen. Beispielsweise hätte sich das Verhältnis zwischen den westeuropäischen Staaten wie das Verhältnis zwischen ihnen und Nordamerika in den letzten Jahrzehnten nicht so eng und produktiv entwickeln können, wenn die Diplomatie sich nicht auf ein immer dichteres Geflecht von vielfältigen Beziehungen und Kontakten »unterhalb« der staatlichen Ebene hätte stützen können.

Das Projekt der Zivilgesellschaft ist zunächst ein Produkt der europäischen Geschichte, dann der Geschichte des Westens. Es stammt aus der Aufklärung, und deshalb besitzt es den Anspruch auf Universalisierung. Es will im Prinzip überall gelten und wirksam sein. Aber wie steht es wirklich um seine Exportfähigkeit? Wie verhält sich sein Anspruch auf Universalität zu den regionalen Besonderheiten und lokalen Eigenständigkeiten anderswo auf der Welt? Wie stellt sich das Verhältnis von »universal« und »local knowledge« in Bezug auf die Zivilgesellschaft dar? Muß sich das aus westlichen Wurzeln entstandene Programm der Zivilgesellschaft, wenn es denn weltweite Ausdehnung erstrebt, nicht im Inneren wandeln, um auch in anderen Weltregionen akzeptabel und wirksam zu sein? Ist die Zivilgesellschaft ein lernfähiges Projekt, das sich im Prozeß seiner weltweiten Ausdehnung wandelt? Die Frage ist offen, der Test steht noch aus, doch im Zeitalter der Globalisierung ist er dringlicher als je. Die gegenseitige Durchdringung westlicher und nicht-westlicher Modernisierungsprozesse ist längst auf dem Weg, mit tiefgreifenden Folgen auf allen Seiten. Es geht um Verflechtung, nicht um Imitation.

Einführende Bemerkungen zur 1. Sektion der Expertentagung zur Regierungskonferenz »Modernes Regieren im 21. Jahrhundert«, 2. und 3. Juni 2000 in Berlin (unveröffentlicht).

Erwerbsarbeit ist nur ein historisches Konstrukt

Tiefe Krise und neue Chancen: eine Revolution, die noch nicht abgeschlossen ist

Wer die Geschichte der Arbeitsgesellschaft kennt, urteilt über ihre Zukunft klarer. Worum geht es? Unter dem Eindruck hartnäckiger Arbeitslosigkeit fragt man *erstens*, ob der Arbeitsgesellschaft die Arbeit ausgeht. *Zweitens* beobachtet man tiefgreifende Formveränderungen der Erwerbsarbeit im Zeitalter der Kommunikationsrevolution und der Globalisierung. Das »Normalarbeitsverhältnis« erodiert. Ist Arbeit als Lebensberuf am Ende? Was folgt auf die Erwerbsarbeit? *Drittens* stellt sich die Frage nach dem Sinn der Arbeit neu. Verliert sie ihren zentralen Platz in den Biographien? Hat sie schon aufgehört, die wichtigste Basis für die Konflikte und den Zusammenhalt der Gesellschaft zu sein? Entsteht ein neuer »flexibler Mensch« ohne viel Bindung durch Arbeit? Was hält moderne Gesellschaften überhaupt noch zusammen?

Fluch und Segen

Im antiken Athen wäre es sinnlos erschienen, die Handarbeit des Sklaven, das Werk des Schriftstellers und die Tätigkeit des Politikers mit ein und demselben Begriff zu belegen. In anderen Kulturen fehlt es an einem *allgemeinen* Arbeitsbegriff bis heute. Erst im 18. Jahrhundert setzte sich im Westen der heute selbstverständliche allgemeine Arbeitsbegriff durch, der körperliche und geistige, ungelernte und hochqualifizierte, abhängige und selbständige, monotone und schöpferische Tätigkeiten zusammenband. Danach hat Arbeit einen Zweck außerhalb ihrer selbst: den Zweck, etwas herzustellen, zu leisten, zu erreichen; Arbeit hat etwas von Verpflichtung oder Notwendigkeit an sich, ist Erfüllung von Aufgaben, die andere stellen oder man sich selber setzt; Arbeit ist immer auch mühsam, hat Widerstand zu überwinden, erfordert Anstrengung und ein Minimum an Beharrlichkeit, über den Punkt hinaus, an dem sie aufhört, ausschließlich angenehm zu sein. Im Großen und Ganzen ist dies eine auch heute noch akzeptable Minimalumschreibung von Arbeit im umfassenden, noch nicht auf Erwerbsarbeit verengten Sinn. Spiel, Muße, Nichtstun wären Gegenbegriffe.

In der Bewertung der Arbeit hatten über die Jahrhunderte zunächst ambivalente bis negative Einschätzungen vorgeherrscht: Arbeit galt als Mühe und Last, als Notwendigkeit und Qual, auch als göttliche Strafe und Fluch. Nur allmählich gewann die andere Seite an Boden, im christlichen Diskurs und in den Bürgerstädten Alteuropas: Arbeit wurde zunehmend verstanden als göttlicher Auftrag und Segen, als Dienst und Ehre. Erst in der bürgerlichen Aufklärung des 18. Jahrhunderts und in der entstehenden Nationalökonomie setzte sich – unter den Intellektuellen – eine positive Sichtweise endgültig durch. Arbeit galt nun als Quelle des Wohlstands und der Zivilität, als Kern menschlicher Existenz und Selbstverwirklichung, als Inbegriff menschlicher Naturbeherrschung und als Basis tugendhaften Zusammenlebens. In anderen Kulturkreisen hatte diese Glorifizierung der Arbeit keine Parallele. In deren Konsequenz erschien Arbeit bei uns als Menschenrecht. Immer wieder hat man die Realität an jener Norm gemessen und kritisiert, vor allem während der Industrialisierung und den Arbeiterbewegungen des 19. Jahrhunderts. Über ihre ökonomische Bedeutung hinaus gilt Arbeit auch heute noch als Erfüllung und Anrecht, dessen dauerhafte Verweigerung eine Gesellschaft in tiefe Krisen stürzt.

In der Realität geht Arbeit freilich niemals in solchen Diskursen auf. Arbeit war nie nur Erfüllung und Freude, sondern immer auch Mühe und Last. Je nach sozialer Position, Milieu und Geschlecht fiel das Mischungsverhältnis anders aus. Die deutsche Arbeiterbewegung hielt es gar mit dem späten Marx, für den das Reich der Freiheit und der menschlichen Selbstverwirklichung erst jenseits abhängiger Erwerbsarbeit begann. Sie kämpfte immer für mehr freie Zeit wie überhaupt die großen Utopien der letzten Jahrhunderte eher die freie Zeit als die notwendige Arbeit propagierten. Schon Adam Smith, der große Aufwerter der Arbeit, wußte, daß menschliche Wesen in der Regel Muße der Arbeit vorziehen.

Bis heute bedeutet Arbeit den Zwang zum Verzicht und die Pflicht zur Disziplin, sie strengt an und ermüdet. Nicht jede Arbeit wird Nicht-Arbeit vorgezogen. Immer noch gibt es viel mehr notwendige und nützliche Arbeit zu tun, als ausschließlich aus Neigung gesucht wird. Auch heute kann nicht auf ein klug ausgedachtes System von negativen und positiven Anreizen verzichtet werden. Dies setzt jeder radikalen Entkopplung von Einnahmen und Arbeit – à la André Gorz – klare Grenzen.

Überlegenheit der Erwerbsarbeit

Die Arbeitsgesellschaft von heute entstand im langen 19. Jahrhundert. Sie war und ist auf Erwerbsarbeit gegründet. Diese setzte sich in drei Schüben durch.

Mit der Aufhebung der feudalen und der ständischen Ordnung seit dem späten 18. Jahrhundert avancierte *erstens* der Kapitalismus zum allgemeinen Prinzip. Er drang tief in die Welt der Arbeit ein und prägte sie um: in Richtung marktvermittelter Erwerbsarbeit. Arbeit war früher nur zum kleinen Teil oder indirekt über Märkte geregelt. Ansonsten war sie eingebunden: im Haus das Gesinde, im korporativen Verband das zünftige Handwerk, auf den Grund- und Gutsherrschaften des Landes herrschte feudale Gebundenheit, anderswo auch persönliche Unfreiheit und Sklaverei. Diese Einbindungen zerfielen nun. Bisher eingebundene Arbeitskräfte wurden freigesetzt, traten selbständig oder als Lohnarbeiter auf sich rasch ausweitenden Märkten auf. Jetzt wurde Arbeit *en masse* zum Gegenstand marktwirtschaftlicher Tauschvorgänge, zur Ware.

Mit Industrialisierung und Verstädterung kam es *zweitens* seit dem mittleren 19. Jahrhundert zur Zentralisierung der Erwerbsarbeit. Zunehmend fand Arbeit in Werkstätten, Fabriken und Verwaltungen statt. Der Arbeitsplatz, an dem Erwerbsarbeit geleistet wurde, und die Sphäre des Hauses bzw. der Familie traten auseinander.

Die Familie und der Haushalt hörten weitgehend auf, Ort der Erwerbsarbeit zu sein. Die Arbeit, so weit sie Erwerbsarbeit war, wurde zu einem relativ klar ausdifferenzierten Teilsystem, das nach eigenen Regeln funktionierte: immer klarer im Sinne der Marktwirtschaft, unter der Kontrolle von Vorgesetzten, tendenziell als Betrieb. Arbeit konstituierte sich als abgrenzbarer, erfahrbarer Teilbereich, als Arbeit an und für sich.

Damit wurde die Unterscheidung zwischen »Arbeit« und »Nicht-Arbeit« zu einer weit verbreiteten Erfahrung. Mit »Arbeit« war nun zunehmend Erwerbsarbeit gemeint, vornehmlich wahrgenommen von Männern, aber nicht auf diese beschränkt. »Nicht-Arbeit« schloß wichtige, jedoch meist ungenannte Elemente von Arbeit ein, die nicht Erwerbsarbeit waren, zum Beispiel vornehmlich von Frauen wahrgenommene Arbeit im Haus und für die Familie. Eben dies prägte auch die Begriffe der offiziellen Statistik, in der sich Arbeit weitgehend zu »Erwerbsarbeit« verengte.

Im Zeitalter der Industrialisierung gewann die Arbeit an sozialer, politischer und kultureller Bedeutung. Die größte Protest- und Emanzipationsbewegung der Zeit, die Arbeiterbewegung, fußte auf abhängiger Erwerbsarbeit. Auch für die Frauenbewegung war die Erringung neuer Arbeitsmöglichkeiten zentral. Mehr und mehr verstanden sich die Menschen von ihrer Arbeit her. Arbeit wurde zum zentralen Begriff der entstehenden Sozialwissenschaft. Auch Nation und Arbeit hingen zusammen. Schließlich diente die Erwerbsarbeit seit den 1880er Jahren als Basis für den Sozialstaat. Über die Beiträge der Arbeiter und der Arbeitgeber wurde das System finanziert. Mit den Folgen davon kämpfen wir heute.

Die staatliche Kodifizierung der Erwerbsarbeit nahm *drittens* mit dem Ausbau des Sozialstaates zu. Nach Ort und Zeit, Bedingungen und Folgen, Ausbildung und Ruhestand wurde Erwerbsarbeit zunehmend durch Gesetze und Verordnungen geregelt, normiert und verfestigt. Erst damit kam, ebenfalls seit den 1880er Jahren, die Unterscheidung von Arbeit und Arbeitslosigkeit auf. Auch in dieser Hinsicht ist die Erwerbsarbeit, wie wir sie kennen, also ein historisches Konstrukt.

Viertens stellt sich die Frage, warum sich die Erwerbsarbeit als Norm und Normalität so eindeutig durchsetzte. Sie setzte sich durch, weil sie in Bezug auf ökonomische Effektivität überlegen war. Im Vergleich zu anderen Formen der Arbeit war Erwerbsarbeit attraktiv, weil sie mit marktmäßigen Mitteln und Anreizen funktionierte und viel Freiheit ermöglichte. Überlegen war Erwerbsarbeit aber auch unter Gesichtspunkten der Gerechtigkeit. Arbeitsbedingte Vermögens-, Status- und Machtunterschiede wurden leichter als legitim akzeptiert als solche, die von Geburt, Eroberung oder Zufall abhingen. Schließlich: Wer die eigene Arbeitskraft und das eigene Können erfolgreich auf dem Arbeitsmarkt anbot, erfuhr jedenfalls in den zunehmend bürgerlichen Kulturen seit dem 18. Jahrhundert soziale Anerkennung, Bestätigung und Wertschätzung durch andere, die anders schwer zu finden waren. Auch das mag zur Durchsetzung der marktbezogenen Erwerbsarbeit (auch, aber nicht nur als Lohnarbeit) beigetragen haben, wie es umgekehrt die persönlichkeitsbedrohenden Konsequenzen erklärt, die aus langer Erwerbslosigkeit folgen – um 1930 wie heute.

Herausforderung Arbeitslosigkeit

Heute ist überdeutlich, wie sehr sich der Arbeitsbegriff seit dem 19. Jahrhundert eingeengt hat. Sprachlich und praktisch wird für seine erneute Ausweitung plädiert. Er soll auch nützliches Tun jenseits der Erwerbsarbeit einbeziehen, beispielsweise in Gestalt neuartiger »Bürgerarbeit« und durch Aufwertung von Haus- und Eigenarbeit. Dies verdient Unterstützung, Fantasie und Experimente. Doch sollte man dabei die Ursachen mitbedenken, die die Erwerbsarbeit historisch so überlegen gemacht haben. Sie sind nicht obsolet.

Aber zwingt nicht die Massenarbeitslosigkeit zu radikal neuen Schritten? Ist nicht das herkömmliche System, das auf Erwerbsarbeit fußt, überfordert? Immerhin wollen heute sehr viel größere Teile der Bevölkerung an der Erwerbsarbeit beteiligt sein als irgendwann früher. Nie zuvor war zudem das Wegrationalisieren von Arbeitsplätzen so rapide und massiv. Und die Internationalisierung verschärft den Wettbewerb auf den Arbeitsmärkten in neuartiger Weise.

Die massive Vernichtung von Arbeitsplätzen durch technologischen Wandel unter Bedingungen der Marktkonkurrenz hat jedoch von Anfang an zur Industrialisierung dazugehört. Immer wieder kam es zu lange andauernder Unterbeschäftigung und Arbeitslosigkeit. Doch immer wieder wurde die Vernichtung von alten durch die Schaffung von neuen Arbeitsplätzen kompensiert. Immer wieder ging die Beschäftigungskrise in ein neues Gleichgewicht über, so prekär dieses auch blieb. Zentral war dabei die immer neue Manifestation vorher unerfüllter, kaum gekannter und neu entstehender menschlicher Bedürfnisse. Solange sie sich in Nachfrage nach Gütern und Leistungen umsetzen ließen, entstand daraus neue Arbeit im Sinn von Erwerbsarbeit.

Es ist möglich, aber nicht wahrscheinlich, daß dieser Mechanismus heute und in Zukunft nicht mehr funktioniert. Auch heute gibt es, zumal weltweit, viele dringende, unerfüllte und noch mehr zu entdeckende, zu entwickelnde Bedürfnisse, deren Deckung massenhaft nützliche Arbeit erfordern würde. Unter den richtigen sozialen und institutionellen Bedingungen kann sich daraus eine neue Nachfrage nach Erwerbsarbeit ergeben. Damit entstünden neue Arbeitsplätze in großer Zahl.

Die offene Frage ist, ob es gelingt, die sozialen und institutionellen Bedingungen herzustellen, die die Umsetzung des vorhandenen und entstehenden Bedarfs an nützlicher Arbeit in Nachfrage nach Erwerbsarbeit ermöglichen. Dem Marktmechanismus allein kann dies nicht überlassen werden.

Neben sehr viel größerer Marktflexibilität und dringend

nötiger Reformen der Ausbildung gehören zu den nötigen Maßnahmen: der Umbau der sozialen Sicherungssysteme, neuartige Subventionierung geringfügig entlohnter privatwirtschaftlicher Arbeitsplätze aus öffentlichen Mitteln und mindestens der Verzicht auf die weitere Verteuerung der Erwerbsarbeit durch hohe Tarifabschlüsse. Dieser Verzicht wird ohne weitere Verschärfung der Einkommensungleichheit nur dann durchzusetzen sein, wenn die reinen Arbeitseinkommen der Lohn- und Gehaltsempfänger durch Einkommen aus der Teilhabe an Produktivvermögen in großer Breite ergänzt werden. Dies ist die große sozialpolitische Aufgabe des neuen Jahrhunderts.

Chancen und Gefahren

Es erscheint also weder wahrscheinlich noch wünschenswert, daß sich die Erwerbsarbeit auf absehbare Zukunft als Regelfall überlebt. Doch sie unterliegt tiefgreifenden Veränderungen.

Erwerbsarbeit wurde lange Zeit im Dreieck von Markt und Betrieb – Familie und Haushalt – Staat und Politik reguliert. Aber im Verhältnis von Markt und Betrieb auf der einen und Familie und Haushalt auf der anderen Seite vollziehen sich die revolutionärsten Veränderungen. Die schnell steigende Frauenerwerbsquote ist eine Folge davon. Das Verhältnis von Arbeits- und Geschlechterordnung ändert sich rasch. Eine scharfe Rollentrennung zwischen dem Mann und Vater als erwerbstätigem Familienernährer, und der Frau als Hausfrau und Mutter gab es in vorindustrieller Zeit kaum. Auch im 19. und frühen 20. Jahrhundert war sie mehr eine Sache des Bürgertums als anderer Schichten. Am weitesten scheint sich das Prinzip der »Male Breadwinner Family« zwischen 1950 und 1975 durchgesetzt zu haben. Seither erodiert es rasch. Die Berufsbiographien von Männern und Frauen werden einander ähnlicher. Dem entsprechen wichtige Änderungen im Sozial-, Arbeits-, Steuer- und Eherecht. Es handelt sich um eine Revolution, die noch nicht abgeschlossen ist.

Außerdem erodiert das Normalarbeitsverhältnis. Während 1970 die Relation zwischen vollzeitbeschäftigten Arbeitnehmern einerseits und der Summe der Teil-, Kurzzeit-, sowie befristet und geringfügig Beschäftigten etwa 5:1 betrug, verschob sie sich bis 1996 auf 2:1. Das ist ein rasanter Prozess ungeplanter Umverteilung verfügbarer Erwerbsarbeit, mit Gewinnern und Verlierern. Die Elastizität der Erwerbsarbeit und die Fluidität der Arbeitsverhältnisse nehmen dabei zu, die örtliche und zeitliche Fragmentierung der Arbeitsplätze schreitet voran. Die Organisation der Unternehmen nimmt Netzwerkcharakter an, die Beschäftigten müssen einen größeren Teil des Risikos selbst übernehmen und die Bindung an den einzelnen Betrieb lockert sich. Die Flexibilitätszumutungen an die einzelnen Arbeitnehmer steigen.

Neue Formen partieller und oftmals prekärer Selbständigkeit entstehen, statistisch sinkt der Selbständigenanteil derzeit jedenfalls nicht. Der Arbeitsplatz verliert seine ehemals klarere Abgrenzung, löst sich bisweilen auf. Die neuen Kommunikationsmittel erlauben neue Formen der Heimarbeit. Ein neues Zeitregime entsteht in den Grauzonen zwischen Arbeits- und Freizeit, mit Teilzeit und Gleitzeit, mit neuen Freiheitschancen und Abhängigkeiten. Manche dieser Veränderungen seit den 1970er Jahren scheinen Trends umzukehren, die man seit anderthalb Jahrhunderten beobachtet. Diese Trendwende wird unterschiedlich gedeutet.

Auf der *einen Seite* befürchten Autoren wie Richard Sennett, dass aus der Flexibilisierung und Fragmentierung der Arbeitsverhältnisse eine bedrohliche Erosion der individuellen Identitäten und des sozialen Zusammenhalts folgt, die mit politischer Verunsicherung, Defensive und Xenophobie einhergeht. In der Tat scheint die Vergesellschaftungskraft der Arbeit in den letzten Jahrzehnten stark abgenommen zu haben. Der Niedergang der Arbeiterbewegungen legt Zeugnis davon ab.

Auf der *anderen Seite* bergen die tiefen Wandlungen auch neue Chancen, beispielsweise zur Verknüpfung von Erwerbsarbeit mit anderen Tätigkeiten, zur Verbindung von Arbeit und Freizeit, zur Vereinbarkeit von Beruf und Familie. Sie enthalten neue Möglichkeiten, das Verhältnis der Geschlechter zueinander weniger ungleich und produktiver zu gestalten. Ganz offensichtlich gibt die Krise auch Raum für Innovationen.

Die massenhafte Arbeitslosigkeit scheint überwindbar. Sie ist – auch von ihren Ursachen her – ein soziales Problem. Vom »Ende der Arbeit« oder auch nur vom »Ende der Erwerbsarbeit« zu sprechen, führt in die Irre. Das Bild der »Arbeitsgesellschaft« verblaßt nur langsam. Tragfähige Alternativen fehlen. Doch an tiefgreifenden Veränderungen fehlt es nicht: Die Erwerbsarbeit wird elastischer, poröser, fluider. Das Verhältnis von Arbeits- und Geschlechterordnung, von Arbeitsplatz und Familie bzw. Haushalt, von Arbeit und sonstigem Leben ordnet sich neu. Der Begriff der Arbeit erweitert sich wieder sprachlich und praktisch: Eigenarbeit, Hausarbeit, ehrenamtliche Arbeit gewinnen an Boden, ohne doch die Erwerbsarbeit aus ihrer zentralen Rolle für die Sicherung der wirtschaftlichen Leistungsfähigkeit, für die Verteilung individueller Lebenschancen, die Gewährung sozialer Anerkennung und die Abstützung des gesellschaftlichen

Zusammenhalts zu verdrängen. Zukünftige Chancen und Gefahren sind erkennbar, ihr wahrscheinliches Mischungsverhältnis aber noch nicht. Die Konturen der Zukunft zeichnen sich nur verschwommen ab. Das 19. Jahrhundert ist zwar weit entfernt, doch in dieser Hinsicht gleicht unsere heutige Situation der damaligen.

Frankfurter Rundschau, 9. Mai 2000, S. 24.

*Im Anschluss an eine Debatte auf dem Historikertag 1998 (do-
kumentiert in: Winfried Schulze/Otto Gerhard Oexle (Hg.),
Deutsche Historiker im Nationalsozialismus, Frankfurt/Main
1999) hat eine Gruppe von Studierenden eine Reihe von Interviews mit deutschen Historikerinnen und Historikern zum
Thema Historiker im Nationalsozialismus und Umgang mit
der Geschichte der Geschichtswissenschaft nach 1945 durchge-
führt. Bei dem folgenden Text handelt es sich um den biogra-
phischen/autobiographischen Abschnitt des Interviews mit Jürgen Kocka.*

Jürgen Kocka – zur Person[1]

> »Wir sind ein Fach, das nicht nur
> für sich selber schreibt und forscht, sondern (...)
> zur Aufklärung und zum Selbstverständnis der eigenen
> Gesellschaft und Kultur beitragen sollte.«

*Herr Kocka, Sie sind 1941 in den Sudeten geboren. Können Sie
uns etwas zu Ihrer Herkunft sagen und beschreiben, was die
wesentlichen Prägungen Ihrer Kindheit waren?*

Ich stamme aus einer Vertriebenenfamilie und bin an verschiedenen Orten zur Schule gegangen: in Pommern, in
Linz an der Donau und schließlich in Essen an der Ruhr,
wo ich 1960 mein Abitur gemacht habe. Ich hatte in den
50er Jahren die Gelegenheit, an außerschulischen Schüler-
lehrgängen teilzunehmen, die politische Bildung vermittelten. Diese Seminare (z. T. von Vlotho aus organisiert) lagen
in der Hand von damals jungen Studenten und wurden von
der nordrhein-westfälischen Kultusverwaltung unterstützt.
Das hat mich stark beeinflußt. Ich bin damals mit politischen und historischen Fragen in Verbindung gekommen,
die von der deutsch-deutschen Situation ausgingen und deshalb von der Verwaltung gefördert wurden. Man versuchte,
im Konkurrenzverhältnis zwischen den beiden deutschen
Staaten nicht den Kürzeren zu ziehen, sondern so auszubil-
den, daß die jungen Leute auch in den Diskussionen mit-

1 Ort des Interviews: Koserstr. 20 (FU-Berlin)/Termin: 15.06.99,
16–17.30 Uhr/Interviewer: Hacke, Steinbach-Reimann.

halten würden. Was ursprünglich aus dem deutsch-deutschen Konkurrenzverhältnis heraus entstand, hat sich aber dann ganz anders entwickelt: als eine kritische Form von Diskussionen, Lehrgängen, Veranstaltungen, die sich sehr grundsätzlich und kritisch mit dem Marxismus, mit der Geschichte der Bundesrepublik, mit dem Nationalsozialismus, mit Naturrecht befaßten. In diesem Zusammenhang habe ich eigentlich meine Motivation bekommen, neben Germanistik auch Geschichte und Politikwissenschaft zu studieren, womit ich dann im Jahre 1960 begonnen habe.

Es waren also in erster Linie diese Prägungen und nicht das Elternhaus? Ihr Vater war ja Techniker bzw. Ingenieur?

Nein, das ist nicht aus dem Elternhaus gekommen. Dort bestand eher die Erwartung, einen naturwissenschaftlichen Beruf aufzunehmen. Meine Erfahrung weist darauf hin, daß die 50er Jahre, im Rückblick gesehen, auch interessante, produktive Gelegenheiten boten. Ich habe diesen Einfluß aufgenommen und in meiner Schule, dem Goethe-Gymnasium in Essen-Bredeney, eine Arbeitsgemeinschaft gegründet, einen Ost-West-Arbeitskreis, von Schülern selbst gestaltet, die sich mit diesen Themen beschäftigten.

Die erwähnten Schülerlehrgänge wurden von einem studentischen Studienkreis für politische Bildung getragen, an dem auch Ekkehart Krippendorf und Urs Müller-Plankenberg, Hartmut Eggert, hier in der Germanistik in Berlin, Hermann Giesecke, ein Pädagoge, teilnahmen. Dort habe ich auch später noch mitgearbeitet, als ich schon im Studium war. Dieser Kreis hat in den frühen 60er Jahren langsam enge Beziehungen zum diskutierenden SDS entwickelt, wobei sich die einzelnen Teilnehmer in unterschiedlicher Weise auch stark in der Studentenbewegung engagiert haben.

Zunächst widmete ich mich aber dem Studium der Germanistik, Geschichte und Politikwissenschaft. Nach Stationen in Marburg und Wien kam ich 1962 nach Berlin, wo ich unbedingt hin wollte. Dort bin ich sehr früh in enge Verbindung mit Gerhard A. Ritter gekommen, damals ein junger Geschichtsprofessor, aber nicht im Fachbereich Geschichte, sondern am Otto-Suhr-Institut, in der Politikwissenschaft. In diesem Kreis bin ich im Grunde stark geprägt worden, durch mehrere Seminare. Geschichte des Antisemitismus und der Antisemitenparteien war zum Beispiel ein Thema, die innere Geschichte des Ersten Weltkrieges, Geschichte der Arbeiterbewegung, Geschichte des Parlamentarismus, Sozialgeschichte – das waren Themen, mit denen ich zusammenkam. Dies hat mich dann so absorbiert, daß ich nach einer Weile Geschichte als mein erstes Fach gewählt habe.

Ich war 1964/65 ein ganzes Jahr in den USA, im mittleren Studium – mein erster langer Auslandsaufenthalt. Ich habe an der University of North Carolina, in Chapel Hill, den Master in Political Science machen können und bin sehr positiv und eindrücklich von diesem Amerikaaufenthalt geprägt worden. Seitdem ist Amerika das erste Ausland für mich, was die Beschäftigung als Historiker und auch sonst angeht.

Als ich zurückkam, begann hier allmählich die Studentenbewegung. Ich war bereits in der Promotion, habe mich engagiert und an Demonstrationen teilgenommen, habe aber nicht in der ersten Reihe aktiv mitgemacht. Diese Studentenbewegung hat uns einerseits politisch interessiert und politisiert, andererseits hat sie aber auch intellektuell und für die eigene akademische Arbeit motiviert. Das ging Hand in Hand.

Wie war die Atmosphäre hier in Berlin an der FU? Welche Professoren oder Lehrenden im Fachbereich Politische Wissenschaft oder Geschichte haben Sie neben Gerhard A. Ritter besonders geprägt?

Neben Gerhard A. Ritter ist vor allem Ernst Fraenkel zu nennen, der Politikwissenschaftler, dessen demokratietheoretische und demokratiehistorische Vorlesungen mich außerordentlich beeindruckt haben. Seine Vorstellung von einer pluralistischen, antiautoritären, an westlichen Modellen orientierten Tradition hat großen Eindruck auf mich gemacht. Daneben Richard Löwenthal, den ich viel gehört habe, gerade was Außenpolitik, das Ost-West-Verhältnis und die Geschichte des Sozialismus angeht. Drittens habe ich beim Germanisten Emmrich studiert und bin dort bis zum Oberseminar über die Geschichte moderner Romane gekommen. Schließlich habe ich Helmut Gollwitzer und Dieter Henrich gehört. Der erste Aufsatz, den ich geschrieben habe, nämlich ein Vergleich der Methodologie von Karl Marx und Max Weber, ist hervorgegangen aus einem Seminarreferat, das ich in einem Haupt- oder Oberseminar bei Dieter Henrich hier an der FU gehalten habe.[1]

Das war mein erster Zugang zu Max Weber, während ich den Zugang zu Karl Marx im Grunde schon ein bißchen aus den erwähnten außerschulischen Lehrgängen und dem Studienkreis für politische Bildung hatte. Bei Hans-Joachim Lieber, dem Philosophen, der damals auch hier lehrte, und in vielen studentischen Zirkeln wurde das dann noch vertieft. Auch bei Otto Stammer, dem Soziologen, und Wolfram Fischer, dem Wirtschafts- und Sozialhistoriker, habe ich studiert.

---

1 Jürgen Kocka, Karl Marx und Max Weber. Ein methodologischer Vergleich, in: Zeitschrift für die gesamte Staatswissenschaft 122 (1966), S. 328–357; wiederabgedruckt unter dem Titel: Karl Marx und Max Weber im Vergleich. Sozialwissenschaften zwischen Dogmatismus und Dezionismus, in: Hans-Ulrich Wehler (Hg.), Geschichte und Ökonomie, Köln 1973, S. 54–84.

Dann war die Entscheidung für Berlin – sicherlich auch im Kontrast zu Marburg – sehr bewußt getroffen. Hier waren die Professoren jünger, offener, vielleicht war auch alles etwas moderner. Ritter ist ja nur 10–11 Jahre älter als Sie, was damals sicherlich noch ein seltener Fall war. Das Studentenleben in Marburg war vorher vermutlich ganz anders.

Völlig anders. Das war eine Entscheidung aus Interesse an Politik. Berlin war damals ein Brennpunkt des Ost-West-Konflikts einerseits, der Ort, wo Zeitgeschichte stattzufinden schien. Zum anderen war hier die Freie Universität. Das war eine moderne neue Universität, die demokratischere Strukturen hatte als alles andere, was es in der Bundesrepublik gab – mit jungen Professoren und einem großen Interesse an den öffentlichen Dingen. Das alles motivierte mich dazu, nach Berlin zu gehen.

Haben sich die ersten großen historischen Debatten in den 60er Jahren – ob das nun die Fischer-Kontroverse war, die Auschwitz-Prozesse oder die Räte-Debatte – schon in Studium und Lehre niedergeschlagen?

Die Fischer-Kontroverse habe ich nicht intensiv mitverfolgt. Da begann ich gerade zu studieren. Das Interesse am Nationalsozialismus und an der Frage, warum es in Deutschland zu diesem Zivilisationsbruch gekommen ist, das war eigentlich schon seit den 50er Jahren ein zentrales Motiv. Schon damals in dem diskutierenden, kritischen, engagierten Studienkreis für politische Bildung war es für meine Altersgruppe eine der Grundfragen, warum es in Deutschland, nicht aber in den westlichen Demokratien, mit denen man sich in anderer Hinsicht gern vergleicht, also England, die USA, in gewisser Hinsicht auch Frankreich, auf jeden Fall Skandinavien, zu dieser Pervertierung des politischen Systems in Gestalt des Faschismus gekommen ist. Und darauf antworteten einige der Veranstaltungen, die ich nun mitbekam, insbesondere bei Fraenkel. Die Frage nach den deutschen Besonderheiten war aber auch zentral bei Gerhard A. Ritter, bei seinen deutsch-britischen Parlamentarismusvergleichen zum Beispiel. Bei all dem ging es um das Problem des »deutschen Sonderwegs«. Dann ging es sehr bald um die Frage: Parlamentarische Demokratie oder Rätedemokratie? Das war eine der großen Debatten um 1965/66/67. Eberhard Kolb und Reinhard Rürup hatten historisch darüber gearbeitet: die Räte in der Revolution von 1918/19.[1] Akut wurde das durch Leute wie Bernd Rabehl und Johannes Agnoli, einen linken Politikwissenschaftler, der stark von Carl Schmitt beeinflußt war. Sie traten für eine direktere Form der Demokratie ein und verhielten sich kritisch gegenüber der »bürgerlichen« parlamentarischen Demokratie. Da habe ich intensiv mit Ritter zusammen einen Artikel über die Räte in der deutschen Geschichte vorbereitet.[2] Aus diesem Anlaß habe ich diese Problematik sehr intensiv durchdacht und mich eindeutig von der Überlegenheit repräsentativer Demokratie überzeugt. Bei aller Sympathie für vieles in der Studentenbewegung der 68er Zeit fand ich eigentlich doch schon damals die Grundsätze der Verfassung der Bundesrepublik sehr akzeptabel – auch auf dem Hintergrund der deutschen Geschichte, und das bis heute. Manchmal hat, glaube ich, dieses Interesse, dieses erschrockene Interesse an der deutschen Katastrophen- und Verbrechensgeschichte, die Historiker, die sich damit befaßten, auch dazu motiviert, das neue Deutschland in der Bundesrepublik als eine große Errungenschaft zu sehen, nicht sofort, aber allmählich in den späten 60er Jahren, in den frühen

1 Reinhar d Rürup/Eberhard Kolb, Der Zentralrat der Deutschen Sozialistischen Republik 19.12.1918–8.4.1919, Leiden 1968.
2 Gerhard A. Ritter (Hg.), Die deutsche Revolution 1918–1919. Dokumente, Frankfurt/Main 1968.

70er Jahren eindeutig. Und ich habe sehr früh einen Artikel geschrieben, veröffentlicht in dem Band von Carola Stern und Heinrich August Winkler »Wendepunkte deutscher Geschichte«, in dem ich 1945 behandelt habe.[1] Das war für mich ein Schlüsselaufsatz, an dem ich lange gearbeitet und in dem ich letztlich die Restaurationsthese abgelehnt habe und die großen neuen Möglichkeiten nach 1949 – Möglichkeiten zunächst nur, Wirklichkeiten erst allmählich – herausgestrichen habe. Das waren prägende intellektuelle Debatten.

Übrigens konnte dieses Eintreten für den liberalen Verfassungs- und Rechtsstaat auf parlamentarischer Grundlage einhergehen mit Kapitalismuskritik. Eine Position, die unsereiner damals hielt, besagte: Diese Verfassung ja, aber es ist sehr viel mehr soziale Demokratie möglich und notwendig, vielleicht auch ein Stück Sozialismus im Ökonomischen. Aber diese grundsätzliche Zustimmung zu einer liberalen Verfassung auf der einen Seite und die eher an radikaleren Positionen orientierte Forderung nach Reformen im ökonomischen und sozialen Bereich auf der anderen Seite gingen damals bei mir Hand in Hand. Das führte zur Sozialgeschichte. Meine ersten Arbeiten waren sozial- und wirtschaftsgeschichtlich, meine Dissertation beschäftigte sich mit Industriebürokratie, mit Herrschaft und Arbeit im Industriebetrieb.[2]

Wie ging es nach Ihrer Promotion bei Ritter beruflich weiter?

Bei Gerhard A. Ritter habe ich promoviert und dann auch habilitiert. Er ging 1966 oder 1967 von Berlin nach Münster und lud mich ein, dort zunächst eine, wie es damals hieß,

1 Jürgen Kocka, Neubeginn oder Restauration?, in: Carola Stern/ Heinrich August Winkler (Hg.), Wendepunkte deutscher Geschichte 1848–1990, Frankfurt/Main 1994 (erstmals 1979), S. 159–192.
2 Jürgen Kocka, Unternehmensverwaltung und Angestelltenschaft am Beispiel Siemens 1847–1914, Stuttgart 1969.

Verwalterstelle – ich war noch nicht promoviert – und dann eine Assistentenstelle anzunehmen. Ich bin bzw. wir sind damals außerordentlich ungern aus Berlin in die Provinz gegangen. Hier war gerade die Studenten- und Assistentenbewegung in vollem Gang, dort hatte sie noch gar nicht begonnen und entstand erst allmählich. Ich habe dann in Münster doch noch etwas mitgemacht und war der erste Assistentenvertreter im Senat der Westfälischen Wilhelms-Universität – wahrscheinlich 1968 oder 1970. Ich habe noch in Berlin promoviert im Jahr 1968, bin dann wieder ein Jahr nach Amerika, 1969/70, und habe danach 1972 in Münster habilitiert über Angestellte in Amerika und Deutschland im Vergleich.[1]

War die Entscheidung für den Wissenschaftsbetrieb für Sie überhaupt von Anfang an klar, die Entscheidung für eine Promotion und Habilitation nach dem Studium?

Ich habe begonnen mit der Vorstellung, daß ich entweder als Studienrat in der Schule sein oder als Journalist arbeiten würde. Ich habe zwischendurch Praktika bei Zeitungen gemacht, bei Lokalzeitungen in Essen und in Bottrop – daraus hätte etwas werden können. In der Wissenschaft zu bleiben, das plante man damals nur selten, das erschien zu schwierig. Als sich dann diese Möglichkeit durch Gerhard A. Ritter anbot, habe ich sie sehr gern wahrgenommen.

Gab es dann gleich eine Selbstverortung? Sozialgeschichte kam auf, und es rückte ja gerade eine jüngere Generation Mitte der 60er Jahre nach. Wie hat man sich in der Tradition der westdeutschen oder deutschen Historiographie gesehen? Wie war das Verhältnis zu den Älteren – auch wenn Sie es am eigenen Leibe nicht so erfahren haben, weil Sie ja mit Gerhard A. Ritter

---

1 Jürgen Kocka, Angestellte zwischen Faschismus und Demokratie. Zur politischen Sozialgeschichte der Angestellten: USA 1890–1940 im internationalen Vergleich, Göttingen 1977.

einen neben sich oder über sich hatten, der eher zu Ihrer Gene-
ration gehörte?

Sozialgeschichte wurde in der zweiten Hälfte der 60er Jahre zu einem Zauberwort. Das war die Inkorporierung aller fortschrittlichen, wünschenswerten Tendenzen in der eigenen Disziplin. Sozialgeschichte versprach eine bestimmte Form von Traditionskritik, die uns damals sehr ansprach – zu Recht. Sie versprach neue Verknüpfungen interdisziplinärer Art zu den systematischen Nachbarwissenschaften. Sie versprach Revision des Geschichtsbildes in kritischer Absicht. Man wollte nach den sozialen Voraussetzungen und Folgen von Politik und Ideen fragen. Im Grunde versprach diese neue Richtung Sozialgeschichte eine ideologiekritische Fragestellung. Wir waren irgendwann fest davon überzeugt – und ich bin es auch jetzt –, daß, um dieses Habermas-Zitat zu benutzen, die Geschichte nicht in dem aufgeht, was die Menschen wechselseitig intendieren, und daß es besonders darauf ankommt, die Prozesse und Strukturen zu begreifen, die nicht in den Motiven, Vorstellungen und Erfahrungen der Zeitgenossen präsent waren, aber wichtig waren als Bedingungen und Folgen von Erfahrungen und Handlungen. Diese grundsätzliche, etwas ideologiekritische Grundhaltung hat uns damals sehr fasziniert – uns, also meine Jahrgangsgruppe, eine Gruppe von Leuten wie Hans-Jürgen Puhle, Hartmut Kaelble, Karin Hausen, Wilhelm Bleek, die wir damals hier studierten, meistens im Umkreis von Ritter. Und die Person, die uns außerhalb der unmittelbaren Lehrergruppe besonders beeinflußt hat, war Jürgen Habermas von Anfang an, der schon Mitte der 60er Jahre durch sein Buch über »Strukturwandel der Öffentlichkeit«[1], dann

1 Jürgen Habermas, Strukturwandel der Öffentlichkeit. Untersuchungen zu einer Kategorie der bürgerlichen Gesellschaft, Frankfurt/Main 1962. (Phil. Habil., Marburg 1961)

durch seine methodologische Auseinandersetzung mit Hans Albert und dann drittens durch sein Auftreten in der Studentenbewegung sehr viel Aufmerksamkeit fand. Seine Schriften – über die Logik der Sozialwissenschaften usw. – hat man gelesen, auch seine Technokratiekritik kannten wir.[1] Großen Einfluß hat Hans Rosenberg auf mich ausgeübt. Hans Rosenberg, Emigrant, Exilant, Flüchtling der 30er Jahre, war ja sehr früh nach 1949 als Gastprofessor an die FU zurückgekommen, hatte damals enge Verbindungen zu Gerhard A. Ritter aufgebaut, und Ritter hat mich mit seinen Schriften bekannt gemacht. Hans Rosenberg, den ich 1965 in Berkeley besuchte, hat Hans-Ulrich Wehler auf mich aufmerksam gemacht. Wehler hatte Hans Rosenberg bei einem USA-Aufenthalt kennengelernt. So ist nicht nur Rosenberg sehr früh in meinen Gesichtskreis gekommen, sondern auch Hans-Ulrich Wehler, und beide habe ich als Student gelesen. Ganz wichtig finde ich weiterhin die Einleitung von Hans-Ulrich Wehler zu dem von ihm herausgegebenen Band mit den Aufsätzen Eckart Kehrs »Der Primat der Innenpolitik«, 1965 erschienen.[2] In dieser Einleitung entwickelte Wehler Grundzüge des zukünftigen Programms einer Historischen Sozialwissenschaft, vielleicht noch ohne Nennung des Begriffs. Kurze Zeit später dann, in einer Festschrift, die Gerhard Ritter für Hans Rosenberg zu dessen 65. Geburtstag

1 Vgl. Jürgen Habermas, Zur Logik der Sozialwissenschaften. Erweiterte Ausgabe, Frankfurt/Main 1982. (enthält wissenschaftstheoretische Aufsätze aus den Jahren von 1963 bis 1977); ders., Technik und Wissenschaft als »Ideologie«, Frankfurt/Main 1968.

2 Hans-Ulrich Wehler, Einleitung, in: Eckart Kehr, Der Primat der Innenpolitik. Gesammelte Aufsätze zur preußisch-deutschen Sozialgeschichte im 19. und 20. Jahrhundert. Mit einem Vorwort von Hans Herzfeld, hg. von Hans-Ulrich Wehler, Berlin 1965, S. 1–29.

herausgab, gab es auch von Wehler einen Aufsatz über Theorieprobleme.[1]

Das war der intellektuelle Umkreis, der mich sehr stark auf eine bestimmte Richtung Sozialgeschichte hinlenkte: Sozialgeschichte Berliner Art. Natürlich auch das »Fischer Lexikon Geschichte«, das damals Hans Rothfels und Waldemar Besson herausgegeben haben; da war Hans Mommsens Artikel drin[2], und man las auch Wolfgang Mommsens »Die Geschichtswissenschaft jenseits des Historismus«.[3] Wehler gab die Gelbe Reihe bei Kiepenheuer&Witsch heraus, die Neue Wissenschaftliche Bibliothek, u. a. den Band über Sozialgeschichte, dann auch Werner Conze. Conzes Artikel über Strukturgeschichte und Sozialgeschichte stellten einen Einfluß unter vielen anderen dar[4], aber dominanter war hier in Berlin die Orientierung an Rosenberg und damit an einer angloamerikanischen Weiterentwicklung bestimmter deutscher Traditionen, zu denen auf jeden Fall Weber, teilweise Marx, aber auch Otto Hintze dazugehörten. Auf Hintze bin ich wohl über Felix Gilbert gestoßen, der mich später nach Princeton einlud. Ich nenne noch Dietrich Gerhardt, den Hintze-Kenner, und Alfred Vagts mit seinen Studien über Imperialismus – alles aus Deutschland ausge-

1 Hans-Ulrich Wehler, Theorieprobleme der modernen deutschen Wirtschaftsgeschichte (1800–1945). Prolegomena zu einer kritischen Bestandaufnahme der Forschung und Diskussion seit 1945, in: Gerhard A. Ritter (Hg.), Entstehung und Wandel der modernen Gesellschaft. Festschrift für Hans Rosenberg zum 65. Geburtstag, Berlin 1970, S. 66–107.

2 Hans Mommsen, Art. »Sozialgeschichte«, in: Waldemar Besson (Hg.), Das Fischer Lexikon – Geschichte, mit einer Einleitung v. Hans Rothfels, Frankfurt/Main 1961, S. 313–322.

3 Wolfgang J. Mommsen, Die Geschichtswissenschaft jenseits des Historismus, Düsseldorf 1971.

4 Werner Conze, Die Strukturgeschichte des technisch-industriellen Zeitalters als Aufgabe für Forschung und Unterricht, Köln/Opladen 1957.

wanderte, in den USA lehrende und nun auf Deutschland einwirkende Gelehrte, die für mich wichtig wurden. Meine Dissertation war dann sehr stark an Max Weber orientiert, eine Form historischer Sozialwissenschaft, wenn man so will.

Fachübergreifend betrachtet war das zunächst einmal eine noch nicht fest etablierte Außenseiterposition. Wie wurden Konflikte mit der älteren Generation, die jetzt in der Diskussion steht, mit Conze, Schieder und auch Rothfels als Inhaber mächtiger Positionen, ausgetragen? Wurden da Konfliktlinien deutlich?

Wir fühlten uns als eine oppositionelle Minderheitsströmung, kritisch gegenüber den Hauptlinien der eigenen Fachtradition, kritisch gegenüber Elementen der eigenen Gesellschaftsordnung und auch kritisch gegenüber der noch bestehenden Ordinarienuniversität. Es war Spannung da, es gab Konflikte, die Sozialgeschichte galt als radikal, als links, als revisionistisch. Doch sie interessierte auch als eine Neuigkeit, als eine neue Strömung. Ich würde den Konflikt zwischen mir und den Älteren nicht überbetonen.

Mit Conze und Schieder hatte ich bis zur Promotion wenig zu tun. Ich kannte Conze von einigen Artikeln her, wie ich schon sagte. Erst über Reinhart Koselleck habe ich ihn persönlich kennengelernt. Koselleck traf ich zum ersten Mal auf einer Tagung in Saarbrücken 1966 und 1967, wo er, damals wohl noch Privatdozent in Heidelberg oder gerade Professor für Politikwissenschaft in Bochum geworden, sein großes Werk »Geschichtliche Grundbegriffe« organisierte (zusammen mit Conze und Brunner).[1] Koselleck lud mich ein, den Artikel »Angestellte« in Band 1 des Werkes »Ge-

---

1 Geschichtliche Grundbegriffe. Historisches Lexikon zur politisch-sozialen Sprache in Deutschland, hg. von Otto Brunner, Werner Conze und Reinhart Koselleck, 8 Bde. Stuttgart 1972–1997.

schichtliche Grundbegriffe« zu schreiben, als er hörte, daß ich über Industriebürokratie und Angestellte arbeitete. Über Koselleck bin ich dann irgendwann nach meiner Dissertation mit Conze zusammengetroffen, ich glaube, zuerst auf dem Historikertag in Freiburg 1968 oder 1969 und dann wieder in Heidelberg. Diese Richtung, die Conze und Koselleck mit der Begriffs- und Strukturgeschichte vertraten, war aus meiner damaligen Sicht eine etwas andere Richtung, aber zwischen dem, was unsereiner vorhatte, und dem, was Koselleck und Conze betrieben, bestand nicht unbedingt ein Gegensatz. Kosellecks Preußenbuch habe ich sehr früh für die VSWG rezensiert[1] – als frischgebackener Assistent. Das Buch hat mir sehr imponiert, und das galt dann auch für Conzes Programm einer Strukturgeschichte des Industriezeitalters. Dennoch: Conzes Arbeiten waren für meine Ausbildung nicht zentral, weder während der Promotion noch während der Habilitation; vielmehr entwickelte sich später so etwas wie eine ungleich-kollegiale Beziehung zwischen mir als dem Jüngeren und Conze, dem Älteren und Etablierten. 1973 oder 1974 (nach meiner ersten Professur in Bielefeld) wurde ich dann Mitglied im Arbeitskreis für moderne Sozialgeschichte, den Conze gegründet hatte und dem zu diesem Zeitpunkt – außer Reinhart Koselleck – Leute angehörten wie Hans-Ulrich Wehler, Wolfram Fischer, Wolfgang Köllmann, Rudolf Braun, bald dann auch Dietrich Geyer, also sozialhistorisch orientierte Historiker außerordentlich unterschiedlicher Orientierung. Der Arbeitskreis war am Anfang seiner Existenz, in den 50er Jahren, noch homogener in seiner Orientierung an einer frühen Strukturgeschichte gewesen, die damals auch viele Verbindungen zur Volksge-

---

1 In: Vierteljahrschrift für Sozial- und Wirtschaftsgeschichte 57 (1970), S. 121–125.

schichte gehabt hat. Anfang der 70er Jahre besaß er diese Prägung kaum noch.

Noch ein wichtiger Abschnitt in Ihrer Biographie waren sicher die 70er und 80er Jahre in Bielefeld?

Ich bin seit 1973 Professor für Geschichte, besonders Sozialgeschichte, in Bielefeld gewesen, von 1973 bis 1988, also 15 Jahre, und dies war natürlich die aktivste Zeit, der mittlere Lebensabschnitt. Und es war, auch in der Rückschau, eine sehr aufregende, anregende und produktive Zeit. Es war der Versuch, eine neue Variante von Geschichtswissenschaft unter sozialgeschichtlichem Vorzeichen zu entwickeln: Gesellschaftsgeschichte, Historische Sozialwissenschaft. Die Traditionslinien, die für mich damals wichtig waren und weiterhin wichtig sind, habe ich schon genannt: Traditionslinien, die in den Marxismus zurückführten, besonders in der Form, die durch die Frankfurter Schule weitergegeben worden ist. Andererseits sind es Traditionslinien, die sehr stark zu Max Weber und seiner angloamerikanischen Weiterentwicklung führten, und schließlich Traditionslinien, in denen Emigranten wie Hans Rosenberg und Felix Gilbert, auch Francis Carstens in London eine große Rolle spielten. Diese Traditionen standen in ausgeprägtester Distanz zur »Volksgeschichte« der 30er und 40er Jahre, die derzeit diskutiert wird.

Sie schreiben in einer Würdigung von Conze 1986, daß kein einzelner die Sozialgeschichte der Bundesrepublik stärker geprägt hätte als er. Dann ist es aber vielleicht für Sie doch eher die institutionelle Prägung gewesen als wirklich der intellektuelle Einfluß, oder wie würden Sie das heute sehen?

Nun, er hat ja doch eine ganze Reihe von Schülern gehabt. Zu denen rechne ich u. a. Wolfgang Schieder, Hans Mommsen, Dieter Groh, Ulrich Engelhardt, damals Heilwig Schomerus, Volker Henschel und so weiter. Conze war zum anderen durch seine Schriften und institutionell durch den Arbeitskreis sehr wichtig. Drittens war er Vorsitzender des Historikerverbandes, und insofern ist in seiner Person Sozialgeschichte gewissermaßen voll anerkannt worden. Mittlerweile würde ich sagen, daß die Einflüsse, die über Gerhard A. Ritter gekommen sind, mindestens so wichtig für die Sozialgeschichte in der Bundesrepublik geworden sind.

Wenn wir einmal den Bogen zur jetzigen Debatte schlagen – Sie betonen auch schon in Ihrem Artikel damals die engere Bindung Conzes zu Schieder, Brunner, Jantke und Freyer –, hat man sich damals angesehen, was diese vier, fünf Leute in Königsberg und anderswo früher gemacht haben? Spielte das eine Rolle? Gab es da Skepsis?

Nein. Ich hatte keinen direkten Anlaß, mich mit der wissenschaftlichen und sonstigen Biographie von Schieder und Conze zu beschäftigen. Mir war seit den frühen 70ern ein antisemitisches Zitat von Conze bekannt, das in den 60er Jahren irgendwann in der Heidelberger Studentenbewegung ausgegraben und damals publik gemacht worden war. Darüber hinaus war mir diese braune Tradition der Sozialgeschichte nicht bewußt. Ich habe erst in der ersten Hälfte der 80er Jahre allmählich Interesse an der Geschichte der Disziplin gefunden und dann Mitte der 80er Jahre Willi Oberkrome angeregt, seine Dissertation zur Volksgeschichte zu schreiben.[1] Das war relativ früh. Parallel dazu erschien das Buch von Winfried Schulze über die Geschichtswissenschaft nach 1945. Dort gab es ein Kapitel über den Heidelberger Arbeitskreis.[2] Die Arbeit von Willi Oberkrome hat sehr lan-

1 Willi Oberkrome, Volksgeschichte. Methodische Innovation und völkische Ideologisierung in der deutschen Geschichtswissenschaft 1918–1945, Göttingen 1993.
2 Winfried Schulze, Deutsche Geschichtswissenschaft nach 1945, München 1989, hier: S. 254–265

ge gedauert. Sie war aber ganz eindeutig als wissenschaftshistorische Arbeit geplant und sollte nicht in den Archiven nach der realen politischen Aktivität dieser Autoren suchen, sondern Volksgeschichte als Strömung rekonstruieren und am Ende ein wenig nach Kontinuitäten fragen, die möglicherweise über die Zeit nach 1945 hinausweisen würden. Insofern war das ein anderer Typus von Arbeit, ich glaube, ein sehr wichtiger Versuch, im Vergleich zu der Art von Forschung, wie sie jetzt von Peter Schöttler, Götz Aly, Ingo Haar, Michael Fahlbusch und anderen betrieben wird, die ja leider gar nicht mehr nach den Paradigmen, Methoden und Theorien dieser braunen Historiker fragen, sondern sich auf ihre politischen Einlassungen und ihre biographische Schuld konzentrieren. Ich denke, daß es darauf ankäme, beides zusammenzuführen – was noch aussteht oder bisher nur in Ansätzen geleistet worden ist.

Rüdiger Hohls/Konrad H. Jarausch (Hg.), Versäumte Fragen. Deutsche Historiker im Schatten des Nationalsozialismus, S. 383–393.
9 2000 Deutsche Verlags-Anstalt GmbH, Stuttgart München

Publizistische Schriften

Zeitungsartikel

Nur noch Geschichte. Vor 300 Jahren krönte sich Friedrich III. zum
ersten preußischen König. Er und seine Nachfolger haben ihren Staat
modernisiert und militarisiert – aber nie demokratisiert, in: die tageszeitung vom 18.1.2001, S. 11.

Viel Ehre für Leibniz. 300 Jahre Akademie der Wissenschaften in Berlin.
Neue Konzeption seit 1992 (zusammen mit Peter Th. Walther), in:
Der Tagesspiegel vom 28.6.2000, S. 31.

Erwerbsarbeit ist nur ein historisches Konstrukt. Tiefe Krise und neue
Chancen: eine Revolution, die noch nicht abgeschlossen ist, in:
Frankfurter Rundschau vom 9.5.2000, S. 24.

Der Unbestechliche. Zum Tod des Akademiemitglieds und Wissen-
schaftshistorikers Conrad Grau, in: Der Tagesspiegel vom 29.4.2000,
S. 29.

Vor dem Jahrtausendwechsel: Was nehmen wir mit in die Zukunft? in:
Deutschland 6/99, S. 6–10.

Langer Atem gegen Modisches in der Wissenschaft. Ungelöste Probleme,
aber keine Krise. Für »science wars« besteht wenig Grund (= Reise in
das nächste Jahrtausend (30): Die Zukunft der Geisteswissenschaften), in: Der Tagesspiegel vom 7.8.1999, S. 5.

Erinnerung – produktiv. Zur Walser-Debatte: Das Beispiel Hans-Jochen
Vogel, in: Der Tagesspiegel vom 5.12.1998, S. 25.

Horizonte. Otto von Bismarcks zweites Leben, in: Der Tagesspiegel vom
26.7.1998, S. WO 3.

Zwischen Friedrichshain und Paulskirche. Vor 150 Jahren wählten
Deutschlands Männer erstmals ein nationales Parlament. 585 Abgeordnete zogen am 18. Mai 1848 ins Frankfurter Plenum ein. Vertreter
aus der Arbeiterschaft waren nicht darunter, in: Die Zeit vom
29.4.1998, S. 78.

Die europäischste Revolution, in: Der Tagesspiegel vom 15.3.1998, S. W 1.

»Aus heutiger Sicht« oder: Die geteilten Erinnerungen. Zweierlei Geschichtsbewußtsein im vereinten Deutschland, in: Frankfurter Rundschau vom 22.1.1998, S. 17.

Wie kann ein Denkmal Scham ausdrücken? Die vier jetzt in die engste Wahl gezogenen Entwürfe lösen ihre Aufgabe nicht, in: Berliner Morgenpost vom 4.1.1998, S. 12.

Im Gespräch die Dogmen aufweichen. Zum Streit um die Ost-West-Historikerkontakte, in: Berliner Zeitung vom 30./31.8.1997, S. 29.

Gegen die blinde Beklommenheit. Das geplante Berliner Holocaust-Mahnmal ist zu laut und zu monumental. Ihm fehlt, was not tut: Nachdenklichkeit, in: die tageszeitung vom 8.2.1997, S. 10.

Die Geschichtsmächtigkeit der Ökonomie. Wirtschaft als bestimmender Machtfaktor (= Das Jahrhundert der Weltkriege, Nr. 2), in: Süddeutsche Zeitung vom 28.8.1997, S. 15.

Vorurteile in der Geschichtsschreibung. Zum 100. Todestag von Heinrich von Treitschke. Der Berliner Antisemitismusstreit, in: Der Tagesspiegel vom 26.4.1996, S. 25.

Reinhard Rürup wird 60, in: Frankfurter Allgemeine Zeitung vom 27.5.1994, S. 35.

Neubau wäre ein Schildbürgerstreich. Leibniz-Preisträger Jürgen Kocka zur wiedereröffneten Schloß-Ausstellung, in: FU-Nachrichten 6/94, S. 28.

Von der Verantwortung der Zeithistoriker. Das Interesse an der Geschichte der DDR ist – auch – Munition in der Tagespolitik, in: Frankfurter Rundschau vom 3.5.1994, S. 10.

Umwertung der alten Republik, in: Der Tagesspiegel vom 1.2.1994, S. 15.

Die richtige Mischung ist gefragt. Universitätskrise und Reformdiskussion, in: Der Tagesspiegel vom 28.11.1993, S. 26.

Auch Wissenschaftler können lernen. Der Forschungsschwerpunkt Zeithistorische Studien in Potsdam. Eine Entgegnung, in: Frankfurter Allgemeine Zeitung vom 25.8.1993, S. 31.

Die alte Bundesrepublik wird Geschichte, in: Frankfurter Rundschau vom 6.2.1993, S. ZB 3.

Zwischen Sonderweg und Bürgergesellschaft. Die deutsche Einheit verändert Methoden und Inhalte der Sozial- und Geisteswissenschaften, in: Der Tagesspiegel vom 17.9.1992, S. 19.

Die deutsche Einheit und die Sozialwissenschaften. Wie sich die Institutionen verändern. Brüche und Neuanfänge, Krise und Erneuerung, in: Der Tagesspiegel vom 16.9.1992, S. 21.

Produktive Mischung aus Osttradition und westlich geprägter Erneuerung. Hochschulen in Berlin-Brandenburg. Evaluierung, Neuaufbau, Universitätslandschaft, in: Das Parlament 38 vom 11.9.1992, S. 16.

Historismus, Kritik und Synthese. Zum Tode von Thomas Nipperdey, in: die tageszeitung vom 20.6.1992, S. 15.

Ein Gutachter erwidert den Evaluierten. Jürgen Kocka zur Begutachtung der geisteswissenschaftlichen Institute der Akademie der Wissenschaften, in: Der Tagesspiegel vom 12.9.1991, S. 22.

Abwicklungsstop. Sand kann in das Getriebe geraten, in: Deutsche Universitätszeitung 14 (1991) (Juli), S. 13.

Spitzenhistoriker. Zum Tod Felix Gilberts, in: Frankfurter Rundschau vom 25.2.1991, S. 16.

Der neue Nationalstaat: Suche nach Identität, in: Wirtschaftswoche vom 15.2.1991, S. 28 f.

Nur keinen neuen Sonderweg. Jedes Stück Entwestlichung wäre als Preis für die deutsche Einheit zu hoch, in: Die Zeit vom 19.10.1990, S. 11.

Umbrüche – aber ohne neue utopische Ideen. Die Sogkraft des Nationalen und der Beitrag der Bundesrepublik zur Revolution in der DDR, in: Frankfurter Rundschau vom 11.7.1990, S. 12.

Das Haus der Geschichte hat viele Zimmer. Über tastende Versuche der Nachkriegszeit, Pionierleistungen und zukunftsweisende Neugründungen. Thesen zur Geschichtswissenschaft, in: Frankfurter Rundschau vom 20.6.1989, S. 9.

Der Aufklärer. Zum Tode des Historikers Hans Rosenberg, in: Frankfurter Allgemeine Zeitung vom 30.6.1988, S. 29.

Wider die historische Erinnerung, die Geborgenheit vorspiegelt. Geschichte als Aufklärung oder Geschichte als Identitätslieferantin? Anmerkungen von Jürgen Kocka, in: Frankfurter Rundschau vom 4.1.1988, S. 10.

»Wir kommen aus ihr, stehen in ihr und führen sie weiter«. In Bonn trafen sich Historiker aus der Bundesrepublik und der DDR zu einem Dialog über das Erbe der deutschen Geschichte, in: Frankfurter Rundschau vom 10.4.1987, S. 14.

Hitler sollte nicht durch Stalin und Pol Pot verdrängt werden. Über Versuche deutscher Historiker, die Ungeheuerlichkeit von NS-Verbrechen zu relativieren, in: Frankfurter Rundschau vom 23.9.1986, S. 10.

So viele Knoten am Paket der Geschichte. In Bonn wird für die Bundesrepublik ein Museum gebaut, in Berlin hat die Planung für ein »Deutsches Historisches Museum« begonnen, in: Rheinischer Merkur vom 8.8.1986, S. 15 f.

Ein Jahrhundertunternehmen zum 750. Geburtstag. Berlin bekommt 1987 ein Deutsches Historisches Museum, in: Das Parlament 20/21 vom 17.5.1986, S. 17 f.

Die Rationalität in der Geschichte. Die Aktualität Max Webers für die

Geschichtswissenschaft, in: Frankfurter Allgemeine Zeitung vom 21.11.1985, S. N 3.

Ein gründlicher, ein großer Lehrer. Der Historiker Hans Rosenberg wird achtzig, in: Süddeutsche Zeitung vom 25.2.1984, S. 14.

Gegen einen Begriffskrieg. Was leisten die Formeln »Faschismus« und »Totalitarismus«? Vom Abstand zwischen Begriff und historischer Realität. Ein Diskussionsbeitrag, in: Frankfurter Allgemeine Zeitung vom 18.12.1978, S. 21.

Wozu noch Geschichte? Die sozialen Funktionen der historischen Wissenschaften, in: Die Zeit vom 3.3.1972, S. 52.

Experiment Ost-West-AG, in: Turm (Schülerzeitung der Goetheschule, Essen-Bredeney) 33 (1959), S. 617 f.

Politik – Philosophie – Ferienstimmung! in: Turm (Schülerzeitung der Goetheschule, Essen-Bredeney) 31 (1958), S. 581 f.

Rezensionen in Zeitungen

Überlebenskunst, in: Die Zeit vom 14.10.1999, S. 36 (zu Margit Speier, Der Vernichtung entkommen. Erinnerungen einer Jüdin, Bremen 1999).

Marx lebt! Bei Eric Hobsbawm wird die Aufklärung weise, in: Die Welt vom 5.12.1998, S. LW 14 (zu Eric Hobsbawm, Wieviel Geschichte braucht die Zukunft, München 1998).

Die Streiks im letzten Jahrhundert sind jetzt abgeschrieben. Alle Räder stehen still, nur in Friedrich-Wilhelm Hennings Handbuch zur Wirtschafts- und Sozialgeschichte laufen die Maschinen noch, in: Frankfurter Allgemeine Zeitung vom 30.9.1997, S. 12 (zu Friedrich Wilhelm Henning, Deutsche Wirtschafts- und Sozialgeschichte im 19. Jahrhundert, Paderborn 1996).

A deo Abs condita. Die Parabel von der Deutschen Bank, in: Frankfurter Allgemeine Zeitung vom 11.4.1995, S. L 21 (zu Lothar Gall u. a., Die Deutsche Bank 1870–1995, München 1995).

Industrialisierung. Toni Pierenkempers Überblick. in: Frankfurter Allgemeine Zeitung vom 29.10.1994, S. 15 (zu Toni Pierenkemper, Gewerbe und Industrie im 19. und 20. Jahrhundert. Enzyklopädie deutscher Geschichte, Bd. 29, München 1994).

Durch und durch brüchig. Wider die ›Ewige Linke‹: Ernst Noltes neuerlicher Versuch, um Verständnis für den Nationalsozialismus zu werben, in: Die Zeit vom 12.11.1993, S. L 15 (zu Ernst Nolte, Streitpunkte.

Heutige und künftige Kontroversen um den Nationalsozialismus, Berlin / Frankfurt/Main 1993).

Kunstprodukte der Moderne. Ernest Gellners und Eric Hobsbawms Auseinandersetzung mit Nation und Nationalismus, in: Freitag vom 20.12.1991, S. 22 (zu Eric J. Hobsbawm, Nationen und Nationalismus. Mythos und Realität seit 1780, Frankfurt a. M. 1991 und Ernest Gellner: Nationalismus und Moderne, Berlin 1991).

Bourgeois und Citoyen. Bürgerliche Gesellschaft in Deutschland: ein Sammelband, in: Die Zeit vom 16.8.1991, S. 36 (zu Lutz Niethammer u. a., Bürgerliche Gesellschaft in Deutschland. Historische Einblicke, Fragen, Perspektiven, Frankfurt a. M. 1990).

Fern von Verehrung oder Verdammung. Der zweite Band der Bismarck-Biographie von Ernst Engelberg, in: Süddeutsche Zeitung vom 15./16.12.1990, S. V (zu Ernst Engelberg, Bismarck. Das Reich in der Mitte Europas, Berlin 1990).

Die Proklamation von Hoffnungen. Deutschland und Frankreich während der Revolution von 1789, in: Süddeutsche Zeitung vom 8.9.1989, S. 43 (zu Helmut Berding/Etienne François/Hans Peter Ullmann (Hg.), Deutschland und Frankreich im Zeitalter der Französischen Revolution, Frankfurt a. M. 1989).

Neue Wege einer Sozialgeschichte. Gareth Stedman Jones »Klassen, Politik und Sprache«, in: Süddeutsche Zeitung vom 16.12.1988, S. 40 (zu Gareth Stedman Jones, Klassen, Politik und Sprache. Für eine theorieorientierte Sozialgeschichte, hg. und eingeleitet von Peter Schöttler, Münster 1988).

»Der Bruch war tiefer als 1918/19«. Jürgen Kocka über den Sammelband »Von Stalingrad zur Währungsunion«, in: Der Spiegel 36 (1988) vom 5.9.1988, S. 45–54 (zu Martin Broszat/Klaus-Dietmar Henke/Hans Woller (Hg.), Von Stalingrad zur Währungsreform. Zur Sozialgeschichte des Umbruchs in Deutschland, München 1988).

Die Ära Adenauer als Glanzzeit. Eine neue Geschichte der Bundesrepublik. Bücher im Gespräch, in: Deutschlandfunk, Sendung vom 2.6.1985 (zu Theodor Eschenburg, Jahre der Besatzung 1945–1949, Stuttgart 1983; Hans-Peter Schwarz, Die Ära Adenauer 1949–1957 und 1957–1963, Stuttgart 1981 und 1983; Klaus Hildebrand, Von Erhard zur Großen Koalition 1963–1969, Stuttgart 1984).

Faschismus-Erfahrungen. Drittes Reich: Die Reihen fast geschlossen. Was alltagsgeschichtliche Perspektiven bringen können, in: Die Zeit vom 14.10.1983, S. L 30 f. (zu Detlev Peukert/Jürgen Reulecke (Hg.), Die Reihen fast geschlossen. Beiträge zur Geschichte des Alltags unterm Nationalsozialismus, Wuppertal 1981; Dieter Galinski/Ulla

Lachauer (Hg.), Alltag im Nationalsozialismus 1933–1939. Jahrbuch zum Schülerwettbewerb Deutsche Geschichte um den Preis des Bundespräsidenten, Braunschweig 1982; Lothar Steinbach: Ein Volk, ein Reich, ein Glaube? Ehemalige Nationalsozialisten und Zeitzeugen berichten über ihr Leben im Dritten Reich, Bonn 1983; Lutz Niethammer (Hg.), »Die Jahre weiß man nicht, wo man die heute hinsetzen soll«. Faschismuserfahrungen im Ruhrgebiet, Lebensgeschichte und Sozialkultur im Ruhrgebiet 1930–1960, Band 1, Bonn 1983).

Jüdisches Leben in Deutschland. Selbstzeugnisse zur Sozialgeschichte, in: Frankfurter Allgemeine Zeitung vom 1.9.1983, S. 25 (zu Monika Richarz (Hg.), Jüdisches Leben in Deutschland. Selbstzeugnisse zur Sozialgeschichte. Bd. 3. 1918–1945, Stuttgart 1982).

Die Deutschen und ihre Nation. Zwei historische Neuerscheinungen, in: Deutschlandfunk, Sendung vom 14.8.1983 (zu Michael Stürmer, Das ruhelose Reich. Deutschland 1866–1918, Berlin 1983; Hagen Schulze, Weimar. Deutschland 1917–1933, Berlin 1982).

Revolution und Entkolonisierung. Weltgeschichtliche Skizzen aus europäischem Blickwinkel, in: Frankfurter Allgemeine Zeitung vom 29.4.1980, S. 27 (zu Karl Dietrich Bracher, Europa in der Krise. Innengeschichte und Weltpolitik seit 1917, Frankfurt/Berlin/Wien 1979).

Deutsch-jüdische Sozialgeschichte. Dokumente jüdischen Lebens bis zum Kaiserreich, in: Frankfurter Allgemeine Zeitung vom 1.2.1978, S. 9 (zu Monika Richarz (Hg.), Jüdisches Leben in Deutschland. Selbstzeugnisse zur Sozialgeschichte 1780–1871, Stuttgart 1977).

Die Demokratie im Zeitalter ihrer Bedrohung. Karl Dietrich Brachers Geschichte Europas seit 1917. Synthese eines engagierten Liberalen, in: Frankfurter Allgemeine Zeitung vom 19.7.1977, S. 17 (zu Karl Dietrich Bracher, Die Krise Europas 1917–1975. Propyläen – Geschichte Europas, Bd. 6, Berlin 1976).

Die Revolution, die auf der Stelle trat. Neue Forschungen zur Situation der SPD am Vorabend des Ersten Weltkriegs, in: Frankfurter Allgemeine Zeitung vom 24.7.1975, S. 7 (zu Dieter Groh, Negative Integration und revolutionärer Attentismus. Die deutsche Sozialdemokratie am Vorabend des Ersten Weltkrieges, Frankfurt a. M. 1974).

Interviews

»Brücken schlagen zwischen den Fächern.« Der Sozialhistoriker Jürgen Kocka ist neuer Leiter des Wissenschaftszentrums Berlin/Generationenwechsel, in: Der Tagesspiegel 29.01.2001, S. 27 (Gespräch mit Dorothee Nolte).

»Wir brauchen transnationale Sichtweisen.« Jürgen Kocka, neuer Präsident des Berliner Wissenschaftszentrums, über sein Amt und die Geschichte, in: Die Welt vom 29.12.2000, S. 21 (Gespräch mit Rüdiger Soldt).

Interview mit Jürgen Kocka, in: Rüdiger Hohls/Konrad H. Jarausch (Hg.), Versäumte Fragen. Deutsche Historiker im Schatten des Nationalsozialismus, Stuttgart/München 2000, S. 383–393.

Historiker als Vordenker der Vernichtung? in: Sozialismus 26/9 (September 1999), S. 17–21 (Gespräch mit Mario Keßler).

Intervista a Jürgen Kocka, in: Passato e presente XVII (1999), Nr. 48, S. 79–85 (Gespräch mit Marco Palla und Renato Pasta).

Interview mit dem Berliner Historiker Jürgen Kocka (= Teil des Features: »Weder Dämon noch Nationalheiliger« – Bismarck erneut besichtigt), in: Radio Bremen vom 14.12.1998 (Gespräch mit Lothar Machtan).

Namen oder Steine (II). Teil zwei einer Umfrage zum Holocaust-Mahnmal und dem Vorschlag, den Potsdamer Platz umzubenennen. Namen oder Steine? in: Die Zeit vom 12.3.1998, S. 50.

Wem gehört die DDR-Geschichte? Was kompromittiert einen Historiker? Wieviel Ausgrenzung, wieviel Kontinuität beim Personal soll sein? Ein Streitgespräch zwischen Jürgen Kocka und Stefan Wolle, in: Wochenpost Nr. 44 vom 28.10.1993, S. 34 f.

Deutschlands Historiker/innen nach dem Fall der Mauer. Ein Gespräch mit Jürgen Kocka (Berlin), in: Österreichische Zeitschrift für Geschichtswissenschaften 1 (1992), S. 65–75 (Gespräch mit Ulrike Döcker).

In zwei Jahren ist die Integration nicht zu leisten. Über die »Abwicklung«. Ein Gespräch mit dem Historiker und Mitglied des Wissenschaftsrats Jürgen Kocka, in: Frankfurter Rundschau vom 16.1.1992, S. 17 (Gespräch mit Harro Zimmermann).

Wenn Historiker Historiker begutachten. Über einen deutsch-deutschen Wissenschaftsprozeß. Ein Gespräch mit Jürgen Kocka, in: Frankfurter Rundschau vom 27.12.1990, S. 30 (Gespräch mit Harro Zimmermann, auch bei Radio Bremen).

Es droht die Zementierung der alten Verhältnisse. Geschichtswissenschaft in Ostdeutschland – Fragen an Prof. Jürgen Kocka, der die Evaluation der Geisteswissenschaften leitet, in: Die Welt vom 19.12.1990, S. 17 (Gespräch mit Berthold Seewald).

Les tendances de l'histoire sociale allemande aujourd'hui: entretien avec Jürgen Kocka, in: Genèses 1 (1990), S. 144–148 (Gespräch mit Sandrine Kott).